Schnell. Konkret. Zuverlässig.

Meine Rechte bei Kauf und Reklamation

Basiswissen für König Kunde

2. Auflage, Juni 2014, 9.–13. Tausend Exemplare

ISBN 978-3-86336-408-3
Printed in Germany

Vorwort

Zum zweiten Mal nach der Schuldrechtsreform im Jahr 2002, mit der wichtige Änderungen für den Verbrauchsgüterkauf eingeführt wurden, musste der deutsche Gesetzgeber das Bürgerliche Gesetzbuch (BGB) erheblich ändern. Grund hierfür war wiederum eine europäische Richtlinie, die sogenannte „Verbraucherrechterichtlinie“, die in allen Mitgliedsstaaten der EU umzusetzen war. Die Änderungen, die zum 13.6.2014 in Kraft getreten sind, betreffen hauptsächlich das Widerrufsrecht und die Informationspflichten bei Fernabsatzgeschäften und Verträgen, die außerhalb von Geschäftsräumen geschlossen werden (Außergeschäftsraumverträge). Hier haben Verbraucher nun in allen Mitgliedsstaaten der EU die gleichen Rechte, das heißt, sie können zum Beispiel Verträge nach gleichen Regeln widerrufen.

Wir bemühen uns, Ihnen die teilweise komplizierte Materie nahezubringen und verständlich zu erläutern, was der Gesetzgeber im Einzelnen geregelt hat. Dabei ist es kein Geheimnis, dass einige offene Fragen wohl erst durch die Rechtsprechung geklärt werden müssen.

In der zweiten Auflage dieses Ratgebers erfahren Sie, welche grundlegenden Rechte Sie beim Verbrauchsgüterkauf haben und wie Sie bei Problemen vorgehen können. Neben dem Widerrufsrecht und den Informationspflichten im Versandhandel sowie beim Internetkauf werden auch „Randthemen“ wie Werbung, Taschenkontrolle, Kundenkarten oder Produzentenhaftung beleuchtet. Und finden Sie zu einer Frage keine Lösung, steht Ihnen Ihre Verbraucherzentrale mit Rat und Tat zur Seite.

Jürgen Schröder

Inhalt

3. Umtausch und Widerruf

4. Mängel und Reklamation

5. Verschiedene Formen des Kaufs

6. Produkthaftung und Sicherheit

Wie kann ich mich vor unlauterer Werbung schützen?

Wichtig!

- Händler muss Endpreise angeben
- Verbraucherzentrale über Lockvogelwerbung informieren, wenn ein Sonderangebot nicht lange genug vorrätig ist
- Von einer Preisgarantie nicht zum vorschnellen Kauf verleiten lassen
- Bei Koppelungsangeboten prüfen, ob sich der Gesamtpreis lohnt

Die Preisangabenverordnung regelt die Grundsätze der Preisauszeichnung von Waren und Leistungen. Wenn Ihnen als Verbraucher eine Ware angeboten wird, muss diese stets mit dem Endpreis einschließlich Umsatzsteuer und sonstiger Preisbestandteile ausgezeichnet sein. Das gilt auch schon für die Werbung, falls ein Händler mit Preisangaben wirbt.

Es muss stets der **aktuell gültige Preis** angegeben werden. Das gilt auch für einen Sonderpreis.

Bei Sonderangeboten (in Supermärkten) sollten Sie immer auf dem Kassenbon prüfen, ob der richtige Preis angegeben ist. Manchmal erscheint dort statt des Sonderpreises der reguläre Preis. Auch kann es vorkommen, dass zum Beispiel Ware, die nicht direkt mit einem Preisetikett versehen, sondern nur mit einem Preis an der Regalleiste ausgezeichnet ist, an der Kasse plötzlich mehr kostet. Dann reklamieren Sie sofort.

Beispiel

Im Regal eines Supermarkts finden Sie Kaffee im Angebot, der zu einem sehr günstigen Preis ausgezeichnet ist. Hinweise zur zeitlichen Geltung des Angebots bestehen nicht. An der Kasse wird Ihnen gesagt, das Angebot gelte erst in der folgenden Woche. Der Händler verstößt zwar gegen die Preisangabenverordnung, was zum Beispiel vom Ordnungsamt geahndet werden kann. Leider haben Sie dennoch keinen Anspruch auf Abschluss eines Vertrags zu dem günstigen Preis.

Damit alle Kunden eine Chance haben, von einem günstigen Angebot zu profitieren, darf der Händler die Abgabe auf **handelsübliche Mengen** beschränken. Kein Händler muss sich leerkaufen lassen. Was handelsüblich ist, bestimmt sich nach den Gepflogenheiten des Handels, wobei die Art der Produkte eine große Rolle spielt. Während etwa bei Lebensmitteln wie Kaffee mehrere Pakete pro Person abgegeben werden müssen, kann bei hochwertigen Geräten wie Computern etc. eine Beschränkung auf ein Stück pro Person angemessen sein.

Wird die Werbung, zum Beispiel bei großen Lebensmittelmärkten, von der Zentrale einheitlich gesteuert, kommt es vor, dass ein Filialbetrieb nicht alle Artikel führt. Darauf muss in der Werbung hingewiesen werden. Achten Sie also auf entsprechende Hinweise, die sich auch in Fußnoten finden können. Anderenfalls können Sie erwarten, dass die Produkte in jeder Filiale vorrätig sind. Kann man die Ware nicht sofort mitnehmen, sondern nur bestellen, muss die Werbung einen entsprechenden Hinweis enthalten. Bei Bestellungen im Internet können Sie mangels anderer Hinweise davon ausgehen, dass die Ware sofort versandbereit ist.

Wirbt ein Händler mit Sonderangeboten, muss er grundsätzlich eine **ausreichende Warenmenge für mindestens zwei Tage** vorrätig haben, und zwar ab dem Erscheinen der Werbung. Bei einer Anzeige in der Tageszeitung können Sie also ab diesem Tag die Angebote erwarten, es sei denn, die Annonce enthielte den Hinweis „Gültig ab ...". Dann können Sie erst ab dem angegebenen Tag mit dem Angebot rechnen. Von diesem Grundsatz sind jedoch auch Abweichungen möglich.

Bei attraktiven Produkten sollten Sie immer mit größerem Andrang rechnen und möglichst am ersten Geltungstag des Angebots kaufen. Ist das Sonderangebot schon vergriffen, haben Sie keinen Anspruch auf Abschluss eines Vertrags. Dennoch sollten Sie bei der Geschäftsführung darauf drängen, dass man Ihnen das gewünschte Produkt bestellt. Manchmal hat dies durchaus Erfolg.

Tipp

Informieren Sie im Übrigen Ihre Verbraucherzentrale, die gegen solche **„Lockvogelwerbung"** vorgehen kann.

Mit einer sogenannten **Preisgarantie** wollen manche Händler Kunden ködern. Sie versprechen dem Käufer Rücknahme der Ware und Rückzahlung des Kaufpreises, wenn er innerhalb einer bestimmten Zeit nach dem Kauf das gleiche Produkt bei einem anderen Händler günstiger sieht. Die Rechtsprechung hat gegen solche Preisgarantien nichts einzuwenden, sofern tatsächlich Vergleichsmöglichkeiten bei Mitbewerbern bestehen. Das setzt aber zum einen voraus, dass Artikel gleicher Art und Ausführung auch von Mitbewerbern angeboten werden. Zum anderen muss der Händler dem Käufer eine angemessene Nachweisfrist von mindestens fünf Tagen einräumen.

Doch nicht jede Preisgarantie hält, was sie verspricht. Wird etwa ein Auslaufmodell oder ein Sondermodell beworben, das im weiten Umkreis kein anderer Händler führt, ist die Garantiezusage irreführend. Gerade bei technischen Produkten gibt es oft geringfügige Unterschiede, die schon bewirken, dass die Preisgarantie ins Leere läuft. Andererseits kann der Käufer von dem garantierten Recht schon Gebrauch machen, wenn das Konkurrenzangebot auch nur

Checkliste

Ein möglicher Wettbewerbsverstoß hilft Ihnen nicht aus dem Vertrag. Besser prüfen Sie folgende Aspekte:

- Inhalt der Preisgarantie: Rückgabe des gekauften Produkts oder Auszahlung der Preisdifferenz?
- Garantiefrist: Innerhalb welcher Zeit muss man einen günstigeren Preis nachweisen?
- Bedingungen: Je höher die Hürden für die Vergleichbarkeit, desto skeptischer sollte man sein.

hinsichtlich einer einzelnen Leistung günstiger ist. Bietet ein Möbelhändler etwa das Möbelstück zum selben Preis, liefert er aber zusätzlich kostenlos oder günstiger, ist diese Gesamtleistung für den Preisvergleich maßgeblich (BGH, Urteil 7.2.1991, AZ: I ZR 140/89).

Von **Koppelungsangeboten** spricht man, wenn mehrere Waren oder Dienstleistungen zu einem Gesamtpreis angeboten werden. Der Händler hat Gestaltungsfreiheit und ist nicht generell verpflichtet, die Einzelpreise anzugeben. Häufig findet man Angebote für Handys und andere Geräte (DVD-Spieler, Kaffeemaschinen etc.), die beispiels-weise in Verbindung mit einem Telefonvertrag preisgünstiger angeboten werden. Hier kann es zum einen Probleme bei der Preisgestaltung geben, zum anderen mit Ihren Gewährleistungsrechten.

Handelt es sich um Waren gleicher Art (zum Beispiel drei Tafeln Schokolade zum Sonderpreis), können Sie leicht den Einzelpreis feststellen und so errechnen, ob das Sonderangebot günstiger ist. Davon sollten Sie keineswegs automatisch ausgehen. Das gilt im Übrigen auch bei Großpackungen.

Werden verschiedene Waren oder Leistungen zu einem Gesamtpreis angeboten, wird oft der Anschein besonderer Preisvorteile erweckt, insbesondere dann, wenn die Einzelpreise nicht ersichtlich sind. Dann sollten Sie sorgfältig prüfen, ob sich der Vertrag für Sie lohnt.

Beispiel

Wirbt ein Markt für Unterhaltungselektronik in einer Werbebeilage für ein tragbares Fernsehgerät zum Preis von 1 Euro, das nur in Verbindung mit einem zweijährigen Stromliefervertrag zu haben ist, ist die Werbung wettbewerbswidrig, wenn die Bedingungen des Stromliefervertrags nicht klar und deutlich dargestellt werden (BGH, Urteil 13.6.2002, AZ: I ZR 71/01).

Angesichts eines ständig wachsenden

Angebots von Produkten wird es immer schwieriger, sich vor dem Kauf zu orientieren. Die **Werbung mit Gütesiegeln** und Testergebnissen mag auf den ersten Blick eine gute Orientierungshilfe hinsichtlich der Qualität der Ware und hinsichtlich des Preis-Leistungs-Verhältnisses sein. Sie sollten aber nicht blindlings auf Werbeaussagen vertrauen, die mit derartigen Hinweisen untermauert werden.

Grundsätzlich sollten Sie sich im Zweifel informieren, welche Bedeutung das entsprechende Zeichen hat. Entdecken Sie zum Beispiel das **„CE"-Zeichen** an einem technischen Produkt, so bedeutet dies lediglich, dass dieses Produkt im EU-Binnenmarkt vermarktet werden darf. Eine Aussage zur Sicherheit des Produkts ist damit aber nicht zwingend verbunden. Hingegen bietet das **„GS"-Zeichen** Gewähr für „**g**eprüfte **S**icherheit". Für die Nutzung dieses Zeichens muss der Hersteller sein Produkt bei einer staatlich zugelassenen Prüfstelle (zum Beispiel TÜV) testen lassen.

Beliebt ist die **Werbung mit Testergebnissen.** Sie ist nur zulässig, wenn das Testergebnis objektiv, richtig und nicht missverständlich wiedergegeben wird. Ansonsten kann sie irreführend sein, zum Beispiel wenn sich der Test nicht auf die beworbene, sondern auf eine andere Ware bezieht, auch wenn sie äußerlich ähnlich und technisch baugleich ist. Die Werbung mit einem Testergebnis ohne Angabe der Fundstelle der Veröffentlichung ist unzulässig.

Die Stiftung Warentest hat für die Werbung mit ihren Untersuchungsergebnissen Bedingungen festgelegt. So muss zum Beispiel die Werbung für ein mit „gut" bewertetes Produkt auch den Rang im Gesamtergebnis wiedergeben, zumindest wenn einige Produkte besser bewertet wurden.

Tipp

Verlassen Sie sich nicht blind auf die Werbung mit einem (guten) Testergebnis. Ein genaues Bild können Sie sich nur verschaffen, wenn Sie den Test kennen. Sie sollten daher vorsorglich anhand des angegebenen Tests nachprüfen, ob die Werbung korrekt ist.

Was tun,

... wenn Streit über den Vertragsabschluss besteht?

Wichtig!

- Vertrag = zwei übereinstimmende (Willens-)Erklärungen
- Verträge kommen auch stillschweigend zustande
- Aufreißen der Verpackung im Geschäft verboten
- Kein Vertrag durch Zusendung unbestellter Ware

Kaufverträge dürften die mit Abstand häufigsten Rechtsgeschäfte sein, die Sie als Verbraucher abschließen. Trotz dieser Routine gibt es Fälle, in denen – wie bei unbestellter Ware – nicht immer klar ist, ob ein Vertrag vorliegt oder ob Sie verpflichtet sind, einen solchen abzuschließen.

Wenn Sie Ihren Tag mit dem Brötchenkauf beim Bäcker beginnen, anschließend beim Metzger die Wurst für das Wochenende bestellen und schließlich im Kiosk nebenan noch eine Zeitung erwerben, haben Sie in kurzer Zeit bereits drei Kaufverträge abgeschlossen. Lassen Sie mal Ihren Tagesablauf Revue passieren und Sie werden sicher noch mehr Verträge entdecken, die Sie abgeschlossen haben, ohne sich dessen bewusst zu sein.

Ein Kaufvertrag setzt prinzipiell lediglich voraus, dass Sie sich mit dem Verkäufer über den wesentlichen Inhalt des Vertrags einigen. Sobald also aus Sicht eines objektiven Betrachters **zwei übereinstimmende Willenserklärungen** vorliegen, lösen all diese Verträge die gleichen Folgen aus: Sie erhalten Ware, die Sie bezahlen müssen. Nur in gesetzlich geregelten Fällen kommen Sie aus dem Kaufvertrag wieder heraus (siehe Seite 48 ff.).

Beispiel

Wenn Sie zur Tankstelle fahren und tanken, kommt ein Kaufvertrag zustande. Sie sehen auf der großen Anzeigetafel an der Tankstelleneinfahrt einen Preis von 1,70 Euro pro Liter angegeben, füllen den Tank und gehen zur Kasse. Als Ihnen der Tankwart den Zahlungsbeleg zur Unterschrift vorlegt, bemerken Sie, dass dort ein Preis von 1,75 Euro angegeben ist. Da muss wohl direkt vor oder während des Tankvorgangs der Preis erhöht worden sein. Verärgert über die ohnehin hohen Benzinpreise wollen Sie den höheren Preis nicht zahlen.

In der Regel kommt jedoch bereits zu dem Zeitpunkt, in dem Sie Kraftstoff in den Tank füllen, ein Kaufvertrag mit dem Tankstellenbetreiber, genauer gesagt (durch dessen Vermittlung) mit dem Mineralölunternehmen, zustande (BGH, Urteil 4.5.2011, VIII ZR 171/10, NJW 2011, 2871). Dass Sie zahlen müssen, liegt eigentlich auf der Hand, nur, welchen Preis?

Nach unserer Auffassung kann hier nur die kundenfreundliche Lösung richtig sein, das heißt, Sie müssen nur den günstigeren Preis zahlen. Streng genommen ist keine Einigung über einen bestimmten Preis zustande gekommen, sodass es an zwei übereinstimmenden Willenserklärungen fehlt. Dann wären Sie jedoch bereichert und müssten Wertersatz leisten. Man kann auch argumentieren, dass die Tankstelle sich auf den bei Beginn des Tankvorgangs groß angezeigten Preis einlassen wollte, denn immerhin hat sie ja dafür deutlich sichtbar geworben. Zudem liegt in dieser irreführenden Preisangabe auch ein Wettbewerbsverstoß und ein Verstoß gegen die Preisangabenverordnung.

Legen Sie im **Supermarkt** Ware in Ihren **Einkaufswagen**, kommt damit noch kein Kaufvertrag zustande. Selbst wenn Sie die Ware schon vor der Kasse auf das Förderband gelegt haben, können Sie es sich noch anders überlegen. Gebunden sind Sie erst dann, wenn das Kassenpersonal den Preis einscannt. Selbst danach bestehen kulante Händler nicht unbedingt auf Einhaltung des Vertrags, wenn Sie zum Beispiel nicht genügend Geld dabei haben.

Scannerkassen lesen den an der Ware angebrachten Strichcode ab und ordnen jedem Code automatisch einen vorher bestimmten Preis zu. Hat der Supermarkt es versäumt, aktuelle Sonderangebote richtig einzuprogrammieren, stimmen die Preisangaben am Regal mit dem später auf dem Kassenbon ausgedruckten Preis nicht überein. Entdecken Sie den Irrtum rechtzeitig, können Sie vor dem Bezahlen reklamieren. In der Regel erhalten Sie die Ware dann zum angegebenen Sonderpreis. Ist das Kassenpersonal aber der Meinung, zum Zeitpunkt

Exkurs

Im Zuge der Kosten- und Personaleinsparung wird es in vielen Geschäften zunehmend schwieriger, Verkaufspersonal und eine vernünftige Beratung zu finden. Trotzdem dürfen Sie nicht einfach die **Verpackung eines Produkts aufreißen.** Sie müssen dann damit rechnen, dass Sie zur Kasse gebeten werden.

Wenn die Ware nicht mehr ohne weiteres verkaufsfähig ist und die Wiederherstellung der Verpackung Aufwand erfordert, sind Sie als Kunde schadensersatzpflichtig. Das leuchtet ein, wenn es sich um aufwendige Verpackungen handelt, wie zum Beispiel bei Hemden, die in der Originalverpackung des Herstellers verkauft werden. Anders sieht es bei großen Umverpackungen aus, die mehrere Stücke einer Ware enthalten. Hier dürfte es keinen Schaden verursachen, wenn Sie die Verpackung aufreißen, da die Waren ohnehin einzeln verkauft werden.

Allerdings kann der Händler Sie in einem solchen Fall nicht, zum Beispiel durch einen Aushang an der Ladenkasse, zum Kauf verpflichten. Das OLG Düsseldorf hat eine solche Klausel als unwirksam angesehen (Urteil 21.12.2000, AZ: 6 U 45/00). Die Kaufverpflichtung, so das Gericht, benachteilige den Kunden unangemessen, weil der Händler damit bei höherwertigen Waren ein Vielfaches des tatsächlich entstandenen Schadens verlange.

Dieses Urteil ist aber keineswegs ein Freibrief für Verbraucher. Im Gegenteil: Es stellt klar, dass man grundsätzlich Schadensersatz für den Aufwand zur Wiederherstellung der Verpackung leisten muss. Im Zweifel sollten Sie das Verkaufspersonal bitten, die Verpackung zu öffnen.

des Kaufs gelte der höhere Preis, haben Sie keinen Anspruch auf den günstigeren Preis. Sie brauchen die Ware aber auch nicht zum höheren Preis abzunehmen. Denn es ist ja keine Einigung über einen bestimmten Preis erfolgt. Auf jeden Fall

sollten Sie sich aber bei der Geschäftsführung beschweren.
Entdecken Sie den Irrtum erst beim Einladen der Ware ins Auto oder zu Hause, erhalten Sie den schon gezahlten Kaufpreis gegen Rückgabe der Ware erstattet. Sie können auch noch beim nächsten Einkauf reklamieren. Bewahren Sie zum Beweis die Werbung mit den aktuellen Angeboten auf. Um späteren Ärger zu vermeiden, ist es am besten, wenn Sie sofort im Geschäft kontrollieren, wie viel Sie für die einzelnen Waren tatsächlich bezahlt haben.

Grundsätzlich besteht **Vertragsfreiheit**, das heißt jeder kann entscheiden, ob, wann und mit wem er einen Vertrag abschließen möchte. Dieses Prinzip gilt auch, wenn Sie beispielsweise eine Zeitung zum Preis von 1,50 Euro mit einem 50-Euro-Schein bezahlen wollen. Der Verkäufer kann das mit dem Hinweis auf fehlendes Kleingeld ablehnen, sodass Sie keinen Anspruch darauf haben, den Kaufvertrag um jeden Preis abzuschließen. Das Prinzip der Vertragsfreiheit wird nur ausnahmsweise durchbrochen, wenn Ihr gewünschter Vertragspartner eine Leistung erbringt, auf die Sie unbedingt angewiesen sind. Energieversorger beispielsweise sind gesetzlich dazu verpflichtet, Sie zu angemessenen Preisen mit Strom, Gas oder Wasser zu versorgen.

Grundsätzlich gilt: Durch die **Zusendung unbestellter Ware** kommt kein Kaufvertrag zustande. Sie sind also weder verpflichtet, das Angebot anzunehmen, noch müssen Sie es ausdrücklich ablehnen. Auch müssen Sie die Ware nicht zurücksenden oder sie aufbewahren. Vielmehr dürfen Sie die unbestellte Ware behalten und nach Belieben damit verfahren (siehe Beispiel).
Sie sollten jedoch immer prüfen, ob eventuell eine **Ausnahme** vorliegt. Ist das Paket nicht für Sie bestimmt, stimmen zum Beispiel Ihr Name oder Ihre Adresse nicht, können Sie direkt die Annahme verweigern. Entdecken Sie diesen Irrtum

Beispiel

Sie erhalten ohne eine zugrunde liegende Bestellung Waren wie Bücher, CDs oder Kosmetikartikel. Oder Sie erhalten als guter Versandhandelskunde ein „Treue-Paket" mit einem Sammelsurium von Schmuck, Mode, Gesundheitspräparaten und anderen Geschenkartikeln. Für die Waren mit einem angeblichen Wert von 200 Euro verlangt der Absender „nur" 39,99 Euro. In dem Begleitschreiben werden Sie aufgefordert, die Ware zu prüfen und bei Nichtgefallen zurückzusenden. Andernfalls soll ein Vertrag zustande kommen.

erst beim Öffnen des Pakets oder merken Sie dann, dass der Absender irrtümlich von einer tatsächlichen Bestellung ausgeht, müssen Sie die Ware aufbewahren und dem Absender Gelegenheit geben, sie abzuholen. Kosten dürfen Ihnen hierdurch nicht entstehen. Am besten setzen Sie sich sofort mit dem Absender in Verbindung und verlangen, dass er die Ware umgehend innerhalb einer knappen Frist (von zum Beispiel einer Woche) abholt. Sendet Ihnen der Händler eine andere als die bestellte Ware zu, weil zum Beispiel das bestellte Kleidungsstück nicht vorrätig war, handelt es sich ebenfalls um „unbestellte Ware". Sie können also die Ware behalten, ohne sie zu bezahlen. Dies gilt nur dann nicht, wenn Sie dem Händler zuvor (bei der Bestellung) die Erlaubnis gegeben haben, so zu verfahren.

Achtung

Liegt ein klarer Fall unbestellter Ware vor, sollten Sie das Paket nicht zurückschicken, auch nicht unfrei, da Sie sonst mit Portokosten belastet werden können, wenn der ursprüngliche Absender die Annahme verweigert. Sie dürfen die Ware dann nach Belieben verwenden.

Was gilt für die Vertragsform und die Geschäfts-fähigkeit?

Wichtig!

- Verträge sind meist formlos gültig
- Besonderheiten gelten in gesetzlich geregelten Fällen
- Vorsicht bei telefonischen Verträgen
- Jugendliche sind beschränkt geschäftsfähig

Kaufverträge können praktisch in jeder Form (mündlich, schriftlich, telefonisch, per E-Mail oder Fax) wirksam abgeschlossen werden, es sei denn, es wäre gesetzlich eine besondere Form vorgeschrieben. Das ist etwa bei Grundstückskäufen der Fall; hier ist eine notarielle Beurkundung erforderlich (§ 311b Abs.1 BGB).

Für einige Rechtsgeschäfte sieht das Gesetz eine **besondere Form** vor; wird diese nicht eingehalten, ist das Rechtsgeschäft in der Regel nichtig (§ 125 BGB).

Sieht das Gesetz die **Schriftform** (§ 126 BGB) vor, müssen Sie die Vertragsurkunde eigenhändig unterschreiben. Das gilt zum Beispiel für Ratenlieferungsverträge (§ 510 Abs. 1 BGB), Verbraucherdarlehensverträge (§ 492 BGB) oder für Teilzeit-Wohnrechteverträge, besser bekannt unter dem Begriff Timesharing (§ 484 Abs. 1 BGB). Der Kauf eines Autos oder einer Einbauküche ist aber auch durch Handschlag möglich, obwohl natürlich derart wichtige Verträge in der Praxis meist schriftlich geschlossen werden.

Bei Verträgen, die Sie über das Internet abschließen, kann die gesetzlich vorgeschriebene Schriftform durch die sogenannte **elektronische Form** ersetzt werden. Dies bedeutet, dass man einer elektronischen Erklärung seinen Namen hinzufügen und mit einer „qualifizierten elektronischen Signatur versehen" muss (§ 126a BGB).

Für sogenannte Fernabsatzverträge gelten spezielle gesetzliche Regeln beim Abschluss und der Vertragsabwicklung (siehe Seite 85 ff., 91 ff.). So kann Ihnen zum Beispiel der Unternehmer die Widerrufsbelehrung in Textform übermitteln. Dies bedeutet, dass eine Erklärung auf einem dauerhaften Datenträger abgegeben werden muss (§ 126b BGB).

Ein Kaufvertrag kommt auch zustande, wenn die Vertragsparteien das durch **schlüssiges Verhalten** zu erkennen geben; beispielsweise nehmen Sie am Kiosk die gewünschte Zeitung aus dem Regal und legen das passende Kleingeld auf die Theke. Der Händler kassiert und Sie verlassen den Verkaufsraum. Ohne dass ein Wort gefallen ist, wurde ein verbindlicher Kaufvertrag abgeschlossen.

Bei **telefonischen Vereinbarungen** sollten Sie vorsichtig sein. Obwohl der Gesetzgeber Telefonwerbung wegen der unerwünschten Belästigung ausdrücklich verboten hat, greifen selbst namhafte Unternehmen zu dieser unseriösen Methode der Vertragsanbahnung. Schon aus diesem Grunde sollten Sie keinen Vertrag am Telefon schließen. Grundsätzlich können Verträge aber telefonisch abgeschlossen werden. Jedoch ist Ihr Vertragspartner für den Vertragsabschluss beweispflichtig. In der Regel haben Sie ein gesetzliches Widerrufsrecht, das Ihnen innerhalb von 14 Tagen nach Zugang einer entsprechenden Belehrung zusteht.

Für den wirksamen Abschluss von (Kauf-)Verträgen ist generell die sogenannte **Geschäftsfähigkeit** Voraussetzung. Kinder, die noch nicht sieben Jahre alt sind, sieht das Gesetz generell als geschäftsunfähig an; sie können keine Verträge abschließen.

Beispiel

Kauft sich Ihre fünfjährige Tochter eine Haarspange, können Sie diese zurückgeben und vom Verkäufer den Kaufpreis zurückverlangen. Schicken Sie aber Ihren sechsjährigen Sohn zum Bäcker, können Sie die Brötchen nicht anschließend zurückgeben, da Ihr Sohn nur Ihre eigene Willenserklärung übermittelt hat (und rechtlich als Bote anzusehen ist).

Umgekehrt kann jeder, der volljährig – also mindestens 18 Jahre alt – ist, rechtswirksam Verträge schließen. Man ist dann voll geschäftsfähig. Kinder und Jugendliche im Alter von sieben bis einschließlich 17 Jahren sind gesetzlich in ihrer Geschäftsfähigkeit beschränkt. Ein Vertrag bedarf dann entweder der vorherigen Zustimmung oder der nachträglichen Genehmigung der Erziehungsberechtigten und ist bis dahin „schwebend unwirksam“.

Eine Ausnahme von diesem Grundsatz macht der sogenannte **Taschengeldparagraf** (§ 110 BGB): Kauft Ihr Kind etwas vom Taschengeld, das Sie ihm für einen bestimmten Zweck oder zur freien Verfügung überlassen haben, willigen Sie damit stillschweigend in den Abschluss von Verträgen des täglichen Lebens ein. Ein solcher Vertrag ist wirksam, wenn die Ware sofort bezahlt wird. Das gilt jedoch nicht, wenn die Anschaffung weitere Verpflichtungen nach sich zieht.

> **Beispiel**
>
> Kauft sich Ihr Kind ohne Ihr Wissen ein Haustier, zum Beispiel einen Kanarienvogel oder ein Kaninchen, können Sie die Genehmigung verweigern, da noch Folgekosten (für Unterhalt, Steuern etc.) entstehen. Der Händler muss dann wohl oder übel das Tier zurücknehmen.

Bestellungen im Internet fallen nicht unter den Taschengeldparagrafen, sofern die Rechnung erst später bezahlt wird. Auch **langfristige Mobilfunkverträge** können Jugendliche unter 18 Jahren nur mit Zustimmung ihrer Eltern abschließen. Hat Ihr minderjähriges Kind sich vertraglich gebunden, können Sie den Mobilfunkvertrag anfechten und verlangen, dass dieser sowie der damit gekoppelte Kaufvertrag über das Handy aufgelöst werden. Das Handy muss zurückgegeben werden, der Kaufpreis und schon gezahlte Kosten werden erstattet.

Kauft Ihr Kind aber ein **Kartenhandy**, ist der Vertrag wirksam, wenn sich der Anschaffungspreis vom Taschengeld bestreiten lässt (und wenn Sie nicht generell die Anschaffung eines Handys ausgeschlossen haben).

Worauf muss ich beim Kleingedruckten achten?

Wichtig!

- Allgemeine Geschäftsbedingungen (AGB) ergänzen den Vertrag
- AGB gelten nur bei wirksamer Einbeziehung
- AGB müssen verständlich sein
- Sind AGB unwirksam, gelten die gesetzlichen Vorschriften

Mit allgemeinen Geschäftsbedingungen (AGB) gestaltet Ihr Vertragspartner in einheitlicher Weise die Vertragsbeziehungen zu all seinen Kunden. AGB ergänzen die individuellen Vertragsvereinbarungen. Sie dürfen nicht zu weitgehend von gesetzlichen Regelungen abweichen und unterliegen insoweit einer strengen rechtlichen Kontrolle.

§

Wird der Kaufvertrag schriftlich abgeschlossen (etwa beim Kauf wertvoller Wirtschaftsgüter wie Auto, Möbel, Unterhaltungselektronik) oder kommt er im Internet zustande, enthält er meist auch **allgemeine Geschäftsbedingungen (AGB),** das sogenannte Kleingedruckte. Das kann sinnvoll sein, wenn das Gesetz keine ausführliche Regelung zu einer Frage enthält. Auch darf der Verkäufer in gewissem Maße die Rechtslage zu seinen Gunsten ändern und von gesetzlichen Vorschriften abweichen. Die Grenze ist aber überschritten, wenn Sie durch die Geschäftsbedingungen unangemessen benachteiligt werden. Der Gesetzgeber hat gewisse Mindeststandards festgelegt, von denen AGB nicht abweichen dürfen. Ist das doch der Fall, sind sie unwirksam und es gilt stattdessen das, was das Gesetz für diesen Fall regelt.

Beispiel

Ein Autohändler schreibt in einer Klausel: „Hat der Hersteller zwischen Bestellung und Lieferung des Fahrzeugs seine Preise erhöht, hat der Käufer den am Tage der Lieferung gültigen Preis zu zahlen." Diese Klausel verstößt gegen § 309 Nr. 1 BGB. Danach ist eine Bestimmung unwirksam, „welche die Erhöhung des Entgelts für Waren (...) vorsieht, die innerhalb von vier Monaten nach Vertragsschluss geliefert (...) werden sollen." Vier Monate lang ist also der vereinbarte Kaufpreis tabu. Die Klausel ist unwirksam mit der Folge, dass Sie nur den ursprünglich vereinbarten Kaufpreis zu zahlen brauchen.

Eine unangemessene Benachteiligung kann sich auch daraus ergeben, dass eine Bestimmung nicht klar und verständlich ist (§ 307 Abs. 1 BGB). Das A und O bei allgemeinen Geschäftsbedingungen ist also ihre **Verständlichkeit.** Ist eine Klausel nicht eindeutig formuliert, muss im Wege der Auslegung ihr objektiver Sinngehalt ermittelt werden. Dabei ist darauf abzustellen, wie ein durchschnittlicher Verbraucher sie verstehen würde.

Beispiel

Die Klausel „Umtausch ausgeschlossen“ kann bedeuten, dass der Verkäufer nur ein freiwilliges Umtauschrecht oder auch die gesetzlichen Gewährleistungsrechte des Käufers ausschließen will. Da Zweifel bestehen, wie die Klausel zu verstehen ist, ist sie unwirksam.

§

Wichtig zu wissen ist, dass **AGB nicht automatisch gelten.** Der Verkäufer kann sich auf seine AGB nur berufen, wenn diese wirksam in den Vertrag einbezogen wurden. Zum Beispiel gelten Geschäftsbedingungen, die Ihnen erst auf der Rechnung präsentiert werden, nicht. Es müssen **drei Voraussetzungen** zum Zeitpunkt des Vertragsabschlusses erfüllt sein: Erstens müssen Sie als Käufer bei Vertragsschluss auf die AGB ausdrücklich hingewiesen werden, zweitens tatsächlich Gelegenheit haben, die AGB zur Kenntnis zu nehmen und sich drittens mit den AGB einverstanden erklären.

Tipp

Mit der inhaltlichen Prüfung von Geschäftsbedingungen brauchen Sie sich in der Regel nicht auseinanderzusetzen. Es gibt inzwischen eine unübersehbare Vielzahl von Urteilen, die sich mit AGB befasst haben. Von daher ist es ratsam, Rechtsrat einzuholen, wenn es darauf ankommt und der Verkäufer sich bei einem Problem ausdrücklich auf seine AGB beruft.

Bei schriftlichen Verträgen finden Sie häufig auf der Rückseite abgedruckte Klauseln. Diese gelten nur, wenn Sie auf der Vorderseite des Vertrags im Bereich der Unterschrift einen deutlichen und unmissverständlichen Hinweis hierauf finden.

Ist es dem Verkäufer wegen der Art des Vertragsschlusses nur unter unverhältnismäßigen Schwierigkeiten möglich, auf seine AGB hinzuweisen, darf er diese ausnahmsweise aushängen. So werden beim Kauf am Warenautomaten die dort aufgeklebten AGB Vertragsbestandteil.

Wenn Sie etwas reklamieren, berufen sich Händler manchmal darauf, dass in ihrem Geschäftslokal allgemeine Geschäftsbedingungen aushängen. Das genügt für deren Einbeziehung in den Vertrag in der Regel nicht. Ein solcher **Aushang** ist nämlich nicht üblich, sodass man als Käufer regelmäßig überrascht sein wird.

Liegen die beiden ersten Voraussetzungen (siehe oben) vor, müssen Sie schon von sich aus aktiv werden, um die Geltung von allgemeinen Geschäftsbedingungen zu verhindern. Ansonsten wird unterstellt, dass Sie mit deren Geltung einverstanden sind.

Nochmals zur Klarheit: Dies sind nur die Voraussetzungen für die **Einbeziehung der AGB** in den Vertrag. Erst wenn diese Voraussetzungen erfüllt sind und der Verkäufer sich auf eine Ihnen nachteilige Klausel beruft, müssen Sie sich mit dem Inhalt der Klausel auseinandersetzen.

Achtung

Nach Vertragsabschluss darf der Händler seine Geschäftsbedingungen nicht mehr einseitig ändern. Das gilt zumindest für Kaufverträge, die auf einmal erfüllt werden. Bestellen Sie etwa ein Auto, kann das Autohaus nicht nachträglich seine vertraglich festgelegten Lieferfristen verlängern. Bei langfristigen Lieferbeziehungen, sogenannten Dauerschuldverhältnissen, ist aber eine Änderung der AGB unter gewissen Voraussetzungen möglich, zum Beispiel beim Bezug von Strom oder Gas. Sind Sie von einem solchen Fall betroffen, sollten Sie Rechtsrat einholen.

Was muss ich beim Bezahlen beachten?

Wichtig!

- Anzahlung kann der Händler nicht verlangen
- Zahlungsweise vor dem Kauf klären
- Nach Zahlung des Kaufpreises Quittung verlangen
- Kassenbons auf Thermopapier sofort kopieren
- Pfandgeld erhalten Sie auch bei anderen Händlern zurück

Theoretisch müssen beide Parteien eines Kaufvertrags ihre Leistungen gleichzeitig erbringen. Praktisch vollzieht sich die Erfüllung eines Vertrags jedoch wie beim Schachspiel: Zug um Zug. Dies bedeutet, dass eine Partei ihre Leistung erbringt und dass die andere unmittelbar nachzieht. Bei sofort abgewickelten Verträgen ist das unproblematisch.

Auch bei einer größeren Bestellung, etwa von Möbeln, muss zunächst der Verkäufer liefern, bevor er von Ihnen den Kaufpreis verlangen kann. Dennoch ist es gerade in der Möbelbranche verbreitet, die Kunden zu einer **Anzahlung** zu bewegen. Gesetzlich sind Sie jedoch nicht dazu verpflichtet, sich auf eine Anzahlung einzulassen. Das gilt auch dann, wenn der Händler Ihnen seine Geschäftsbedingungen präsentiert, in denen zum Beispiel steht, dass der Käufer zwei Wochen nach Vertragsschluss 25 Prozent des Kaufpreises anzahlen muss. Eine solche Klausel ist unwirksam. Schließlich könnte der Händler bis zur Lieferung pleitegehen, sodass Ihr Geld dann verloren wäre. Auch ist nicht einzusehen, dass Sie ihm einen zinslosen Kredit geben. Allerdings muss man auch die Position des Verkäufers verstehen, der eventuell seinerseits gegenüber dem Hersteller vorleistungspflichtig ist. Eine individuelle Vereinbarung einer Anzahlung wäre daher zulässig.

Besteht der Händler bei Vertragsabschluss auf eine Anzahlung, haben Sie zwei Möglichkeiten: Sie verzichten auf den Vertrag oder Sie lassen sich auf seine Bedingungen ein. Nicht akzeptabel ist jedenfalls eine Anzahlung von 50 Prozent des Kaufpreises oder gar mehr, wie dies beim Kauf einer Einbauküche manchmal verlangt wird. Eine **freiwillige** Anzahlung sollte 10 Prozent des Kaufpreises nicht überschreiten.

Grundsätzlich müssen Sie den Kaufpreis in **bar zahlen,** und zwar direkt nach Aushändigung der Ware. Bei höheren Beträgen ist es jedoch mitunter angenehmer, mit EC- oder Kreditkarte zu bezahlen. Dadurch erteilen Sie dem Verkäufer die Ermächtigung, den Kaufpreis von Ihrem Konto abzubuchen. Auch wenn sich diese Zahlungsweise eingebürgert hat, sind insbesondere kleinere Geschäfte nicht immer dazu bereit, sich auf bargeldlose Zahlung einzulassen. Es ist daher sinnvoll, beim Kauf auch die Zahlungsweise zu klären.

Manchmal räumt Ihnen der Verkäufer 2 oder 3 Prozent **Skonto** ein. Das ist ein prozentualer Abzug vom Rechnungsbetrag, der bei sofortiger oder kurzfristiger Zahlung (nach Lieferung) gewährt wird. Haben Sie eine solche Vereinbarung versäumt, können Sie später nicht von sich aus einen Abzug von der Rechnung vornehmen.

Werden Ihnen bestellte Waren, zum Beispiel ein Kühlschrank oder eine Waschmaschine, nach Hause geliefert, ist es vielfach üblich, dass Sie den Kaufpreis **überweisen** dürfen, besonders bei größeren Beträgen. Denn eine größere Summe Bargeld braucht man (aus Sicherheitsgründen) nicht bereit zu halten. Am besten sprechen Sie mit dem Händler beim Kauf darüber und lassen auch die Zahlungsweise in dem Vertrag vermerken. Sie brauchen aber nur dann zu zahlen, wenn die Ware einwandfrei ist. Stellen Sie direkt nach der Aushändigung Mängel fest (siehe Seite 59 ff.), können Sie zunächst den **Kaufpreis zurückbehalten,** bis der Verkäufer seiner Pflicht zur Nacherfüllung nachgekommen ist.

Erhalten Sie (beispielsweise nach Lieferung der Ware) eine Rechnung, in der ein **zumutbarer Zahlungstermin** angegeben ist, zum Beispiel Zahlung innerhalb von 14 Tagen, sollten Sie diesen einhalten. Versäumen Sie eine angegebene Zahlungsfrist, wird der Verkäufer vielleicht Schadensersatz von Ihnen verlangen, beispielsweise für entgangene Zinsen, die er bei Anlage des Kaufpreises hätte erzielen können. Voraussetzung ist aber, dass Sie mit der Zahlung des Kaufpreises in Verzug sind. Dazu genügt nicht die einseitige Fristsetzung in der Rechnung, sondern der Verkäufer muss Sie in der Regel mahnen. Das muss nicht schriftlich sein, es reicht auch ein Anruf.

Wird kein bestimmter Zahlungstermin angegeben, müssen Sie die Rechnung innerhalb von 30 Tagen begleichen, sonst geraten Sie nach Ablauf dieser Frist ohne weitere Mahnung in Verzug. Das gilt jedoch nur, wenn Sie in der Rechnung auf diesen Automatismus hingewiesen werden.

Nach Zahlung des Kaufpreises haben Sie Anspruch auf eine Quittung. Gemäß § 368 BGB muss Ihnen der Verkäufer mit einer **schriftlichen Quittung** den Empfang des Kaufpreises bestätigen. Bei Käufen des täglichen Lebens genügt ein **Kassenbon**. Damit können Sie etwaigen Forderungen des Verkäufers nach (nochmaliger) Zahlung des Kaufpreises begegnen. Außerdem können Sie damit im Falle eines Mangels beweisen, dass Sie das Produkt überhaupt bei dem fraglichen Verkäufer erworben haben. Dies ist grundlegende Voraussetzung für die erfolgreiche Durchsetzung eines Anspruchs aus der zweijährigen, gesetzlichen Gewährleistung. Der Kassenbon muss den Namen des Geschäfts, das Einkaufsdatum, die Beträge für die einzelnen Artikel sowie den Gesamtbetrag aufführen. Nur so können Sie nämlich zuverlässig etwaige Mängel reklamieren und nachweisen, bei wem Sie wann was gekauft haben.

Benötigen Sie eine besondere, auf Ihren Namen ausgestellte Quittung, weil Sie den Kaufgegenstand (Computer, Bücher) zum Beispiel steuerlich absetzen wollen, bitten Sie das Verkaufspersonal um eine solche spezielle Quittung. Für seinen Zeitaufwand kann der Verkäufer keine Vergütung verlangen, allenfalls für das Material.

Auch wenn Sie eigentlich auf einen dauerhaften Beleg für die Zahlung des Kaufpreises bestehen können, sind Kassenbons aus Thermopapier weit verbreitet. **Thermokassenbons** können jedoch innerhalb weniger Monate verblassen. Wird

Tipp

Bewahren Sie, besonders bei größeren Anschaffungen, den Kassenbon mindestens zwei Jahre lang auf, damit Sie den Kauf nachweisen können. Der Verkäufer haftet nämlich bis mindestens zwei Jahre nach dem Kauf für Mängel.

der Bon Licht oder anderen Einflüssen (zum Beispiel Weichmachern in Plastikhüllen) ausgesetzt, kann die Schrift auch wesentlich schneller verschwinden. Dies kann dann zu Problemen führen.

Beispiel

Als Ihr vor einem guten Jahr gekaufter Computer den Geist aufgibt, wollen Sie reklamieren. Sie finden zwar noch einen Kassenbon, doch lässt sich darauf gerade noch das Geschäft entziffern, wo Sie ihn gekauft haben, jedoch nicht mehr das Kaufdatum und der Preis. Der Händler behauptet jetzt, Sie hätten das Gerät vor mehr als zwei Jahren gekauft.

Am besten fertigen Sie von wichtigen Belegen (für alle Sachen, die normalerweise mehrere Jahre halten, sowie für teure oder steuerlich absetzbare Dinge) sofort nach dem Kauf eine **Kopie** an oder Sie scannen den Beleg in den Computer ein. Der Kassenbeleg ist aber nur eine Beweiserleichterung. Verlieren Sie ihn oder ist er unleserlich geworden, genügt theoretisch auch die Aussage eines Zeugen, der beim Kauf dabei war. Geht es um größere Anschaffungen und gravierende Mängel, sollten Sie hartnäckig bleiben. Der Händler hat ja als Kaufmann eine Pflicht zur Buchführung, sodass er bei ungefährer Nennung des Kaufdatums nachvollziehen können müsste, wann der Gegenstand gekauft wurde. Bei namentlichen Bestellungen ist das normalerweise auch kein Problem. Verweist Sie der Händler auf eine Klausel im Kleingedruckten, dass für Reklamationen unbedingt ein Kassenbon erforderlich ist, ist das unzulässig.

Für manche Waren, zum Beispiel für Milchflaschen oder Joghurtgläser, erhebt der Händler beim Kauf ein **Pfandgeld**. Typischer Fall ist das Getränkepfand. Rechtlich gesehen räumt Ihnen der Händler ein Rückgaberecht gegen Vergütung des als Pfand gezahlten Betrages ein. Diesen erhalten Sie also bei Rückgabe des Pfandbehältnisses in voller Höhe zurück.

Prüfen Sie bei der Rückgabe, ob Sie das Pfandgeld korrekt zurückbekommen. Entscheiden Sie sich beim Kauf für Mehrwegflaschen, zahlen Sie für eine Mineralwasserflasche 15 Cent, für eine Bierflasche 8 Cent und für eine handelsübliche Getränkekiste 1,50 Euro Pfand. Mehrwegflaschen kann man oft am Umweltzeichen „Blauer Engel" erkennen. Auf Einweg-Getränkeverpackungen bis zu drei Liter Inhalt werden 25 Cent erhoben. Einwegverpackungen sind häufig mit dem Pfandzeichen der Deutschen Pfandsystem-GmbH (DPG-Pfandzeichen) und einem EAN-Strichcode versehen.

Nicht immer haben Sie Gelegenheit, leere Flaschen dort wieder abzugeben, wo Sie die Ware gekauft haben. Das sollte eigentlich kein Problem sein, denn Mehrwegflaschen können grundsätzlich bei jedem Händler abgegeben werden, der eine Marke in dieser Flasche verkauft. Es kommt also nicht auf das Etikett an, sondern auf die Art der Flasche.

Bei Einwegdosen oder -flaschen ist jeder Händler zur Rücknahme verpflichtet, der Einweg-Gebinde aus dem gleichen Material im Sortiment hat.

Beispiel

Verkauft ein Händler nur Glasflaschen, braucht er keine Dosen oder Plastikflaschen anzunehmen. Sonderfall: Kleine Läden mit einer Verkaufsfläche unter 200 Quadratmetern brauchen nur Getränkemarken zurückzunehmen, die sie im Sortiment führen.

Mitunter kann es bei der Einlösung von Pfandflaschen Probleme geben. Nimmt etwa ein Automat eine beschädigte Einwegflasche nicht an, muss der Händler sie dennoch zurücknehmen und Ihnen das Pfandgeld erstatten. Denn Einwegflaschen werden ohnehin zerkleinert und weiterverarbeitet. Oft erhalten Sie bei Rückgabe von Leergut statt Bargeld einen Pfandbon, der dann direkt beim Einkauf verrechnet wird. Lösen Sie ihn nicht am selben Tag ein, kann der Händler eine spätere Auszahlung nicht mit dem Hinweis auf einen Aufdruck verweigern, wonach der Bon am selben Tag eingelöst werden muss. Eine solche Beschränkung wäre wohl unzulässig.

Muss ich eine Taschenkontrolle zulassen?

Wichtig!

- Taschenkontrolle ist ohne begründeten Tatverdacht unzulässig
- Abgabe der Tasche nur bei sicherer Aufbewahrung zumutbar
- Bei rechtswidrigen Maßnahmen von Hausdetektiven Anspruch auf Schadensersatz
- Warensicherungsetiketten – bei Fehlalarm Ruhe bewahren

Ladendiebstahl ist kein „Kavaliersdelikt“, sondern wird von den Geschäftsinhabern zu Recht streng verfolgt. Wer erwischt wird, muss nicht nur mit zivilrechtlichen Schadensersatzansprüchen rechnen, sondern auch mit einer Strafanzeige. Dennoch ist nicht jedes Mittel zur Verhinderung eines Ladendiebstahls rechtens: Eine vorbeugende Taschenkontrolle ist unzulässig.

In Lebensmittel- und Supermärkten gehört ein kritischer Blick des Verkaufspersonals in den Einkaufswagen zur Tagesordnung. Werden Sie aber dazu aufgefordert, Ihre **Einkaufstasche zu öffnen**, geht das zu weit, da Sie hierdurch pauschal (und meist zu Unrecht) als möglicher Ladendieb verdächtigt werden. Ein solcher Eingriff in das allgemeine Persönlichkeitsrecht ist nur bei einem konkreten Tatverdacht erlaubt oder dann, wenn jemand auf frischer Tat ertappt wird, wenn also sozusagen das Wurstende aus der Tasche ragt (BGH, Urteil 3.11.1993, AZ: VIII ZR 106/93). Erst recht darf die Kassiererin nicht von sich aus die Tasche des Kunden aufreißen oder durchsuchen. Dennoch können Sie in einer solchen Situation für klare Verhältnisse sorgen und die Einkaufstasche freiwillig öffnen – und anschließend den Ladeninhaber darauf ansprechen.

Hinweisschilder am Ladeneingang, **die zur Taschenabgabe auffordern,** sind unzulässig, wenn damit gedroht wird, dass andernfalls an der Kasse eine Taschenkontrolle durchgeführt wird (BGH, Urteil 3.7.1996, AZ: VIII ZR 221/95). Der Ladeninhaber darf aber verlangen, dass Sie die Einkaufstasche beim Betreten des Ladens abgeben, sofern eine sichere Aufbewahrung möglich ist, zum Beispiel in einem Schließfach. Die Abgabe persönlicher Wertgegenstände (wie Papiere, Schlüssel, Geld etc.), die man meist in einer kleinen Handtasche mitführt, darf der Händler nicht anordnen.

Zur Aufdeckung und Verhinderung von Ladendiebstählen setzen Geschäfte oft

Hausdetektive ein. Dazu sollten Sie wissen: Hausdetektive haben generell keine weitergehenden Befugnisse als jeder andere Bürger. Sie dürfen lediglich einen Verdächtigen festhalten, bis die Polizei kommt. Nur diese ist dazu berechtigt, die Personalien festzustellen und gegebenenfalls einen verdächtigen Kunden zu durchsuchen. Überschreitet das Personal seine Befugnisse oder wurden Sie zu Unrecht verdächtigt, können Sie eventuell Schadensersatz verlangen. Wie viel Sie bekommen, hängt von den Umständen des Einzelfalls ab. Werden Sie in der Öffentlichkeit bloßgestellt, sind je nach Lage des Falls hohe Schmerzensgelder wegen Verletzung des Persönlichkeitsrechts denkbar.

Das Amtsgericht Regensburg (Urteil 5.2.1999, AZ: 9 C 2783/98) hat einem Kunden, der entgegen der Anordnung auf Hinweisschildern die Tasche mitgenommen hatte und vom Personal zur Öffnung der Tasche gezwungen wurde, umgerechnet 50 Euro zugesprochen. 500 Euro sprach das Landgericht Koblenz (Urteil 27.1.1987, AZ: 6 S 212/86) der Kundin eines Supermarkts zu, die leichtfertig des Diebstahls einer Kaffeemaschine verdächtigt und von der Polizei einer körperlichen Durchsuchung unterzogen wurde. Gar 2.500 Euro gab es vom OLG Frankfurt (Urteil 27.10.1988, AZ: 1 U 171/87) für einen Kaufhauskunden, dem vorgeworfen wurde, am Kosmetikstand eine Flasche Parfüm gestohlen zu haben. Der Detektiv hatte den Mann allerdings mit Gewalt in sein Büro gebracht, ihn mehrfach mit der Faust geschlagen und verletzt.

Wer als Ladendieb erwischt wird, kann – neben einer möglichen strafrechtlichen Verfolgung – für den angerichteten Schaden zur Kasse gebeten werden. Manchmal verlangen Geschäfte auch eine **„Fangprämie"**. Dabei handelt es sich um eine Art Belohnung für wachsame Verkäufer. Das ist zwar grundsätzlich zulässig, wenn der Ladeninhaber diese Prämie seinem Personal vor einer Tat als Belohnung für jeden erwischten Dieb versprochen hat und dann auch tatsächlich zahlt. Nicht zu erstatten sind jedoch die Kosten für Detektive, weil diese zu den allgemeinen Kosten für Verwaltungsaufwand gehören und nicht durch den konkreten Diebstahl veranlasst sind.

Steht eine Fangprämie in keinem angemessenen Verhältnis zum Warenwert der gestohlenen Ware, kann man sie aus diesem Grunde beanstanden. Der BGH hat schon 1979 (Urteil 6.11.1979, AZ: VI ZR 254/77) eine Prämie von umgerechnet 25 Euro in der Regel als zulässig angesehen. Bei Branchen, bei denen generell die Gefahr des Diebstahls höherwertiger Ware besteht (Uhren, Schmuck, Pelze), kann auch eine höhere Prämie gerechtfertigt sein. Beim Diebstahl von Waren von ganz unbedeutendem Wert, zum Beispiel beim Entwenden geringwertiger Süßigkeiten durch Minderjährige (bis zum Alter von 14 Jahren) kann keine Fangprämie verlangt werden.

Im Bekleidungshandel ist es schon lange üblich, die Waren zur Vorbeugung und Verhinderung von Diebstahl mit **Warensicherungsetiketten** zu versehen. Mechanische Etiketten enthalten eine Farbpatrone, die das Kleidungsstück unbrauchbar macht, wenn das Etikett nicht mit einem dafür vorgesehenen Gerät entfernt wird. Andere Produkte sind meist mit Etiketten versehen, die über elektromagnetische (EM) oder radiofrequente (RF) Systeme funktionieren und am Ladenausgang Alarm auslösen, wenn sie nicht vom Personal deaktiviert werden. Wird die Deaktivierung vergessen oder funktioniert ein System mal nicht richtig, kommt es zum Fehlalarm. Das ist kein Grund zur Panik: Legen Sie den Kassenbon vor und lassen Sie das Etikett nachträglich deaktivieren.

Entdecken Sie zu Hause ein nicht entferntes Sicherungsetikett (mit Farbpatrone), sollten Sie sich telefonisch mit dem Verkäufer abstimmen. Verlangt er von Ihnen, dass Sie das Etikett im Laden entfernen lassen, können Sie zumindest Erstattung Ihrer zusätzlichen Fahrtkosten verlangen.

Was gilt bei Kundenkarten und Bonusprogrammen?

Wichtig!

- Überlegen Sie, ob Sie wirklich jede Kundenkarte benötigen
- Kundenkarten dienen der Sammlung von Daten, der Erstellung von Kundenprofilen und der Kundenbindung
- Kundenkarten nur gezielt bei größeren Einkäufen einsetzen
- In erster Linie Preise vergleichen und Nutzwert der Kundenkarte hinterfragen

Die gute alte Rabattmarke zu Zeiten der „Tante-Emma-Läden“ hat weitgehend ausgedient. Heutzutage haben die meisten Verbraucher diverse Kundenkarten in der Geldbörse, die dazu dienen, das Kaufverhalten zu analysieren und Kundenprofile zu erstellen, um die Kunden längerfristig an ein Unternehmen zu binden.

Wer noch keine **Kundenkarte** besitzt, hat bei vielen Einkäufen Gelegenheit, eine zu erwerben. Da die Karten in der Regel nichts kosten, greift man zu, denn man denkt sich, besser ein paar (Zehntel-)Prozent als gar nichts.

Das Grundprinzip der Kundenkarten ist ähnlich: Durch das Vorzeigen der Karte beim Einkauf werden Ihnen als Kunde Punkte gutgeschrieben, die Sie später in geldwerte Vorteile wie Prämien, Bargeld oder Warengutscheine einlösen können. Es gibt Karten, die nur von einem einzelnen Unternehmen herausgegeben werden und Karten, die beim Tanken und beim Einkauf bei einer Vielzahl von Unternehmen eingesetzt werden können. Auf den ersten Blick bieten Kundenkarten offenbar nur Vorteile.

In erster Linie dienen Kundenkarten aber der Kundenbindung, also dazu, Verbraucher zu animieren, ihre Einkäufe möglichst bei den Unternehmen zu tätigen, die dem System angeschlossen sind. Das Unternehmen kann aufgrund der Einkäufe die Vorlieben des Kunden feststellen – denn Ort und Zeitpunkt des Einkaufs, Preis der Ware und Rabatthöhe können gespeichert werden – und ihn dann noch gezielter mit Werbung ansprechen. Je mehr Sie die Karte nutzen, desto mehr werden Sie zum „gläsernen Kunden“.

Sie sollten daher kritisch sein und sich unter anderem folgende Fragen stellen:

Welche Einkaufsvorteile bietet die Karte?

Welchen Wert hat ein Punkt?

Wie lange sind die Punkte gültig?

Welche Prämien erhält man für die Punkte?

Welchen Umsatz muss ich machen, um die niedrigste Prämie oder meine Wunschprämie zu bekommen?

Wie lange läuft eine befristete Punkte-Aktion?

Beliebt und weit verbreitet sind Kundenkarten wie Payback oder Deutschland-Card, denen eine **Vielzahl von Unternehmen angeschlossen** ist und bei denen die Punkte einem einheitlichen Kundenkonto gutgeschrieben werden. Jeder Punkt hat in der Regel einen nominellen Gegenwert von 1 Cent; beim Einkauf erhalten Sie häufig nur einen halben oder einen Punkt pro Euro Umsatz. Ein solcher Minirabatt lohnt bei kleinen Einkäufen kaum, zumal sich einige Unternehmen eine jederzeitige Änderung der Bedingungen vorbehalten. Beispiel: „Änderungen der Höhe und der weiteren Modalitäten der Punktegewährung vorbehalten."

Ob sich solche Kundenkarten lohnen, muss letztlich jeder Verbraucher selbst entscheiden.

Interessant können die Karten durchaus aufgrund spezieller Rabattcoupons sein, die Sie von Zeit zu Zeit per Post erhalten. Dann können Sie für eine begrenzte Zeit beim Einkauf 10 oder 20 Prozent sparen oder ein Vielfaches der normalen Punkte erhalten.

Haben Sie eine bestimmte Zahl von Punkten beisammen, können Sie sie gegen eine Prämie, Warengutscheine oder Bargeld einlösen.

Beispiel

Um eine Sachprämie zu erhalten, benötigte man bei Payback Anfang 2014 mindestens 200 Punkte (Gegenwert 2 Euro), die man durch Tanken von 400 Litern Kraftstoff oder anderen Umsatz erworben haben muss. Für lukrative Prämien muss man wesentlich mehr Umsatz machen oder Zuzahlungen leisten.

Problematisch sind Kartenanträge, die eine sogenannte **Datenweitergabeklausel** enthalten. Während Name, Adresse und Geburtsjahr des Kunden bis zu seinem Widerspruch für Werbungs- oder Marktforschungszwecke genutzt werden dürfen, ermächtigen solche Klauseln das Unternehmen, auch sensible Kundendaten zu verwenden. Dafür ist Ihre separate Unterschrift der Klausel erforderlich. Sie müssen dann damit rechnen, dass Ihr Briefkasten bald mit Werbung von diversen Unternehmen verstopft ist. Eine telefonische Werbung sollten Sie nur genehmigen, wenn Sie Langeweile haben. Denn dann wird Ihr Telefon bald nicht mehr stillstehen.

Bereuen Sie Ihre Entscheidung, können Sie jederzeit die Datenflut stoppen, indem Sie dem Kartenunternehmen die Datenweitergabe verbieten.

Hat die Kundenkarte auch die **Funktion einer Kreditkarte,** ist sie **meist nicht kostenlos**. Als Besitzer einer Kundenkarte sollten Sie sich nicht voreilig von einer Rabattaktion anlocken lassen, sondern immer **Qualität und Endpreis der Ware vergleichen.** Es kann sein, dass Sie bei einem anderen Händler ohne Kundenkarte oder Rabatt dennoch weniger für den Artikel zahlen.

Schließlich: Falls Sie nicht „kartensüchtig" sind und nicht immer sämtliche Kundenkarten mitnehmen, so überlegen Sie vor dem Einkauf, welche Geschäfte Sie ansteuern wollen. Denn was nützt die beste Kundenkarte, wenn Sie sie beim Einkauf nicht dabei haben.

Exkurs

Vielleicht haben Sie schon einmal etwas von **RFID** („radio-frequency identification") gehört. Mit dieser Technik ist es durch einen am Produkt angebrachten (teils mikroskopisch kleinen und für den Kunden praktisch unsichtbaren) Mikrochip möglich, Daten unbemerkt per Funk auf Lesegeräte beim Verkäufer zu übertragen. Rechtlich problematisch ist diese Technik unter dem Gesichtspunkt des Datenschutzes, da sie es ermöglicht, das Verhalten der Verbraucher auszuspionieren und Konsumentenprofile zu erstellen. Das gilt besonders dann, wenn die Daten bei Einsatz einer Kundenkarte einem Kunden individuell zuzuordnen sind. Die Verbraucherverbände setzen sich daher politisch dafür ein, dass verbindliche rechtliche Vorgaben für die Anwendung dieser Technik geschaffen werden. Unter anderem sind unmissverständliche Kennzeichnungen am Produkt unerlässlich, um die notwendige Transparenz für den Verbraucher herzustellen.

Wie kann ich einen Kaufvertrag rückgängig machen?

- Umtauschrecht wird freiwillig eingeräumt, Widerrufsrecht besteht gesetzlich
- Umtauschrecht schriftlich vereinbaren
- Gutscheine können innerhalb von drei Jahren eingelöst werden
- Selten ist eine Anfechtung der Vertragserklärung möglich

Auch wenn ein einmal geschlossener Vertrag in der Regel verbindlich ist, gibt es verschiedene Möglichkeiten, sich davon wieder zu lösen. Bei „Außergeschäftsraumverträgen" (besser bekannt als Haustürgeschäfte) und bei Fernabsatzgeschäften besteht ein gesetzliches Widerrufsrecht (siehe Seite 48 ff.). Bei Mängeln des Kaufgegenstands haben Sie ein Rücktrittsrecht (siehe Seite 71 ff.). Ein Irrtum, zum Beispiel über Eigenschaften der Sache, kann Sie zur Anfechtung berechtigen.

Die oben genannten Rechte stehen Ihnen gesetzlich zu. Abgesehen davon kann Ihnen der Verkäufer auch auf freiwilliger Basis ein **Umtauschrecht** einräumen. Ältere Leser werden sich vielleicht erinnern, dass der Handel den Kunden früher hauptsächlich zur Weihnachtszeit ein Umtauschrecht einräumte, damit Geschenke nach dem Fest zurückgegeben werden konnten. Heutzutage gewähren viele Firmen ihren Kunden während des gesamten Jahres großzügige Umtauschrechte. Jüngere Leser mögen das schon als „Gewohnheitsrecht" ansehen. Trotzdem kann man nicht alles und jedes umtauschen. Ist die gekaufte Sache einwandfrei und liegt keine gesetzlich geregelte Ausnahmesituation vor, ist der Vertrag verbindlich. Ein Umtauschrecht beruht also auf reiner Kulanz des Händlers, der Ihnen dieses Recht freiwillig einräumt. Es kann entweder vor dem Kauf zugesagt oder im Nachhinein gewährt werden. Aus hygienischen Gründen sind Lebensmittel und Kosmetika vom Umtausch meist ausgenommen.

Umtausch ist aber nicht gleich Umtausch. Versichert Ihnen der Händler beim Kauf, dass Sie ein Gerät „umtauschen" können, falls es nicht ordnungsgemäß funktioniert, sind damit nur Ihre gesetzlichen Mängelrechte gemeint. Sagt Ihnen aber die Verkäuferin zu, dass Sie die Bluse bei Nichtgefallen innerhalb der nächsten zwei Wochen „umtauschen" können, sollte dieses Umtauschrecht unabhängig von einem Mangel bestehen. Im Zweifel ist der Begriff „Umtausch" so zu verstehen, dass Sie sich zumindest in Höhe des Kaufpreises neue Ware aussuchen müssen (AG München, Urteil 27.12.2011, AZ:

155 C 18514/11). Möchten Sie bei einem Umtausch den Kaufpreis zurückerhalten, sollten Sie sich dies beim Kauf schriftlich bestätigen lassen, zum Beispiel auf dem Kassenbon. Auch ist es sinnvoll, direkt nach einer Umtauschfrist zu fragen. So vermeiden Sie spätere Probleme.

Häufig gibt Ihnen der Händler beim Umtausch einen **Warengutschein** (in Höhe des gezahlten Kaufpreises). Wenn der Händler korrekt verfährt, muss er den Gutschein bis zum Schluss des dritten Jahres, in dem er ihn Ihnen aushändigt, einlösen. Ein im Jahre 2012 ausgehändigter Gutschein ist also bis Ende 2015 gültig. Ist auf dem Gutschein eine kürzere Einlösefrist oder Gültigkeitsdauer angegeben, ist diese unwirksam. Denn: Für Ihren Anspruch gibt es keine gesetzlichen Ausschlussfristen. Es gilt nur die regelmäßige Verjährungsfrist von drei Jahren, die erst am Schluss des Jahres beginnt, in dem Sie den Gutschein erhalten. Mit diesem Argument haben Gerichte schon kürzere Befristungen von Gutscheinen als unwirksam angesehen (OLG München, Urteil 17.1.2008, AZ: 29 U 3193/07; LG Berlin, Urteil 5.8.2009, AZ: 4 O 532/08).

Tipp

Ist ein Gutschein befristet, sollten Sie ihn möglichst innerhalb der angegebenen Gültigkeitsdauer einlösen. Schaffen Sie das nicht, lassen Sie den Gutschein rechtzeitig verlängern. Beträgt die Frist weniger als drei Jahre, können Sie auch nach Fristablauf noch auf Einlösung des Gutscheines bestehen.

Eine Ausnahme von dem Grundsatz, dass Verträge verbindlich sind, stellen Fälle dar, in denen ein Vertragspartner seine Vertragserklärung anfechten kann. Der Grund für eine **Anfechtung** kann zum Beispiel darin liegen, dass ein Vertragspartner bei Abgabe seiner Vertragserklärung einem Irrtum unterliegt. Der bereits abgeschlossene Vertrag wird dann nachträglich aufgehoben und erbrachte Leistungen werden wieder rückabgewickelt. Der zur Anfechtung Berechtigte kann seine Erklärung nur unverzüglich (maximal zwei Wochen) anfechten, nachdem ihm sein Irrtum aufgefallen ist.

Das Gesetz (§ 119 BGB) unterscheidet verschiedene Fälle des Irrtums, wobei die Abgrenzung schwierig ist. Es muss daher im Einzelfall geprüft werden, ob eine Anfechtungsmöglichkeit besteht. Sie finden hier einige Beispiele, die man nach unserer Auffassung rechtlich entsprechend einordnen kann.

Inhaltsirrtum

Ein **Inhaltsirrtum** liegt vor, wenn der Erklärende über die Bedeutung oder Tragweite seiner Erklärung irrt.

Beispiel

In einem Gartencenter werden die Pflanzen in verschiedenfarbigen Töpfen verkauft, wobei jeder Farbe ein Preis zugeordnet ist. Sie nehmen einen grünen Topf in dem Glauben, er koste 1,95 Euro. Auf dem Kassenbon erscheint jedoch der korrekte Preis von 4,95 Euro. Sie können Ihre Erklärung anfechten und die Pflanze zurückgeben.

Erklärungsirrtum

Beim sogenannten **Erklärungsirrtum** wollte der Erklärende eine solche Erklärung überhaupt nicht abgeben.

Beispiel

Sie bestellen im Internet versehentlich zehn Exemplare eines Buches, obwohl Sie nur eins bestellen wollten. Sie können anfechten.

Oder der Verkäufer zeichnet ein Kleidungsstück zu einem viel zu günstigen Preis aus, weil er das Komma versehentlich um eine Stelle zu weit nach links rückt. Dann kann der Verkäufer anfechten und Sie haben keinen Anspruch auf den günstigen Preis.

Kalkulationsirrtum

In der Regel berechtigt ein **Kalkulationsirrtum** nicht zur Anfechtung.

Beispiel

Sie kaufen in einem Tapetengeschäft mehrere Sachen für die Wohnungsrenovierung. Der Verkäufer überschlägt die Einzelpreise für das benötigte Streichwerkzeug im Kopf und gibt versehentlich auf der Rechnung einen zu niedrigen Gesamtpreis an. Hier kann er nach Zahlung des Kaufpreises nicht anfechten, Sie müssen nicht nachträglich mehr bezahlen. Führt der Händler aber alle Einzelpreise auf und verrechnet er sich bei der Addition zu seinen Ungunsten, ist rechtlich umstritten, ob er anfechten kann. Da Sie den Fehler aber erkennen können, gebietet es schon der Anstand, den korrekten Kaufpreis zu zahlen. Schließlich würden Sie auch im umgekehrten Fall, wenn der Händler versehentlich eine zu hohe Summe verlangt, Geld zurückverlangen.

Motivirrtum

Ein bloßer **Motivirrtum** berechtigt Sie nicht zur Anfechtung.

Beispiel

Sie kaufen eine schicke Bluse für eine Opernaufführung, die jedoch kurzfristig abgesagt wird. Sie haben nun nachträglich kein Motiv mehr für den Kauf der Bluse, können aber rechtlich gesehen nichts daran machen.

Eigenschaftsirrtum

Bei einem (Motiv-)irrtum über verkehrswesentliche Eigenschaften des Kaufgegenstands kann die Vertragserklärung ausnahmsweise angefochten werden. Verkehrswesentlich sind nur wertbildende Faktoren.

Beispiel

Sie kaufen eine Bluse in der Annahme, sie sei aus reiner Baumwolle. Tatsächlich ist die Bluse aus Kunstfaser hergestellt. Hier können Sie anfechten.

In seltenen Fällen können Sie Ihre Vertragserklärung auch wegen einer **arglistigen Täuschung** anfechten (§ 123 BGB). Maximal haben Sie hierfür ein Jahr Zeit, nachdem Sie die Täuschung entdeckt haben.

Beispiel

Auf einer sogenannten „Kaffeefahrt“ lassen Sie sich vom Gruppenzwang leiten und unterliegen dem „Charme“ des geschulten und gewieften Verkäufers, der mit marktschreierischen Worten Rheumadecken anbietet. Den völlig überzogenen Preis rechtfertigt er mit der heilenden und schmerzlindernden Wirkung des Produkts aufgrund der eingenähten Magnetstreifen. Abgesehen davon, dass Sie ein gesetzliches Widerrufsrecht haben, können Sie Ihre Vertragserklärung auch wegen arglistiger Täuschung anfechten, wenn das Produkt die angepriesenen Eigenschaften nicht besitzt.

Wie widerrufe ich einen Vertrag?

Wichtig!

- Verbraucher haben bei Außergeschäftsraumverträgen und bei Fernabsatzverträgen ein gesetzliches Widerrufsrecht
- Widerrufsbelehrung muss strengen Anforderungen genügen
- Nach dem Widerruf müssen Sie den Kaufgegenstand zurückgeben und erhalten den Kaufpreis zurück
- Wertersatz für die bloße Benutzung des Kaufgegenstands müssen Sie nicht zahlen

Verbraucher sollen in bestimmten Situationen, in denen sie entweder überraschend vor die Entscheidung gestellt sind, einen Vertrag abzuschließen, oder in denen sie den Umfang der einzugehenden Verpflichtungen nicht auf Anhieb überblicken können, vor voreiligen Vertragsabschlüssen geschützt werden. Sie haben daher ein gesetzliches Widerrufsrecht.

§

Das Bürgerliche Gesetzbuch (BGB) enthält für besondere Vertriebsformen und Vertragstypen zahlreiche Verbraucherschutzvorschriften, die auf Richtlinien der Europäischen Union beruhen, die damit ein einheitliches Verbraucherschutzrecht schaffen will. Diese Regelungen enthalten für den Unternehmer umfangreiche Informationspflichten bei Fernabsatzgeschäften (siehe Seite 85 ff., 91 ff.) und Außergeschäftsraumverträgen und für Verbraucher ein Widerrufsrecht. Angesichts des Umfangs der Regelungen können wir hier nur einen Überblick geben. Bei konkreten Fragen sollten Sie Rechtsrat einholen.

Grundlegende Voraussetzung für die Anwendung der Verbraucherschutzvorschriften ist, dass Sie den Vertrag als **Verbraucher** schließen. Davon ist stets auszugehen, es sei denn, der Vertrag ist überwiegend Ihrer gewerblichen oder selbstständigen beruflichen Tätigkeit zuzurechnen (§ 13 BGB). Im Zweifelsfall müssten Sie beweisen, dass Sie Verbraucher sind.

Beispiel

Sie kaufen einen Computer, den Sie überwiegend privat, aber auch für eine nebenberufliche Tätigkeit nutzen wollen. Oder: Sie bestellen Lampen für Ihre Privatwohnung, lassen diese aber an Ihre Büroadresse liefern. Sie gelten jeweils als Verbraucher.

Ein **gesetzliches Widerrufsrecht** haben Verbraucher unter anderem, wenn sie Verträge in einer besonderen Vertriebsform abschließen (Außergeschäftsraumverträge und Fernabsatzverträge) oder unabhängig davon bei Vertragsgestaltungen, bei denen sie leicht den Überblick verlieren können (Ratenkaufverträge, Ratenlieferungsverträge, Darlehensverträge). Grundlegende Voraussetzung ist, dass der Vertrag eine „entgeltliche Leistung" zum Gegenstand hat, das heißt, dass der Verbraucher für die Leistung des Unternehmers eine Gegenleistung erbringen muss. Lassen Sie sich zum Beispiel zu einer karitativen Spende oder zu einem Vereinsbeitritt überreden, haben Sie kein Widerrufsrecht.

Außergeschäftsraumverträge (auch als Haustürgeschäfte bekannt) sind Verträge,

1. bei denen Sie mit einem Unternehmer außerhalb seiner Geschäftsräume einen Vertrag schließen (§ 312b Abs. 1 Nr. 1 BGB) oder dort ein Angebot abgeben (§ 312b Abs. 1 Nr. 2 BGB). Typische Fälle sind Verträge in einer Privatwohnung. Im Unterschied zur bisherigen Rechtslage (bis 12.6.2014) haben Sie unabhängig davon ein Widerrufsrecht, ob ein Vertreter unangemeldet bei Ihnen erscheint oder ob Sie ihn zu sich nach Hause bestellt haben.
   Ausnahme: Beträgt der Kaufpreis nicht mehr als 40,- € und erhalten und bezahlen Sie den Kaufgegenstand sofort beim Abschluss des Vertrags, können Sie den Vertrag nicht widerrufen (§ 312 Abs. 2 Nr. 12 BGB).
2. die Sie in den Geschäftsräumen des Unternehmers im Anschluss an ein Ansprechen außerhalb der Geschäftsräume abschließen (§ 312b Abs. 1 Nr. 3 BGB).
   Beispiel: Sie werden (im Rahmen einer Werbeaktion) auf der Straße vor dem Ladengeschäft unmittelbar angesprochen, setzen das Gespräch im Geschäft fort und schließen dann dort einen Vertrag.
3. die auf einem Ausflug geschlossen werden, der von dem Unternehmer oder mit seiner Hilfe organisiert wurde (§ 312b Abs. 1 Nr. 4 BGB).
   Ein typisches Beispiel sind Kaffeefahrten.

Fernabsatzverträge (§ 312c BGB)
Fernabsatzverträge sind Verträge, die Sie als Verbraucher mit einem Unternehmer, der über ein für den Fernabsatz organisiertes Vertriebs- oder Dienst-

leistungssystem verfügt, ausschließlich über Fernkommunikationsmittel abschließen, also etwa per E-Mail, Brief, Fax oder Telefon. Dazu gehören eine Bestellung im Versandhandel oder Kaufverträge, die Sie im Internet abschließen (siehe Seite 85 ff., 91 ff.).

Ratenkaufverträge (Teilzahlungsverträge) (§§ 506, 507 BGB)
Gewährt Ihnen der Händler eine Finanzierungshilfe, das heißt, Sie erhalten die Ware sofort, können sie aber später in Raten bezahlen, haben Sie ein gesetzliches Widerrufsrecht. Beispiel: Sie kaufen ein Auto und vereinbaren, den Kaufpreis in 36 monatlichen Raten zu zahlen. Dafür verlangt der Händler Zinsen und eine Bearbeitungsgebühr.

Ratenlieferungsverträge (§ 510 BGB)
Dazu gehören Verträge über die Lieferung zusammengehörender Sachen, die ratenweise geliefert und bezahlt werden, etwa ein mehrbändiges Lexikon (§ 510 Abs. 1 Nr. 1 BGB); die regelmäßige Lieferung von Sachen gleicher Art, zum Beispiel ein Zeitschriftenabonnement (§ 510 Abs. 1 Nr. 2 BGB); Verträge über die regelmäßige Abnahme von Waren, etwa die Mitgliedschaft in einem Buchclub (§ 510 Abs. 1 Nr. 3 BGB).
Das Widerrufsrecht bei Ratenlieferungsverträgen ist jedoch ausgeschlossen, wenn die vom Verbraucher zu leistende Summe der Teilzahlungen bis zum

Beispiel

Sie abonnieren mit einem Bestellschein, den Sie an den Verlag schicken, eine Wochenzeitschrift zum Preis von 3 Euro pro Woche. Laut Vertrag können Sie die Zeitschrift frühestens zum Ablauf des ersten Jahres abbestellen. Der Jahresbetrag (156 Euro) liegt zwar unter der 200-Euro-Grenze. Sie können Ihre Erklärung dennoch widerrufen, denn bei **Abonnementverträgen**, die außerhalb von Geschäftsräumen oder im Fernabsatz geschlossen werden, besteht generell ein Widerrufsrecht (§ 312g Abs. 2 Nr. 7 BGB). Bestellen Sie jedoch nur einmalig eine Zeitschrift oder Illustrierte, können Sie nicht widerrufen.

frühesten Kündigungszeitpunkt nicht mehr als 200 Euro beträgt. Wird der Vertrag allerdings im Fernabsatz oder außerhalb von Geschäftsräumen geschlossen, besteht auch bei geringeren Beträgen ein Widerrufsrecht.

Für den Widerruf bestehen weitgehend einheitliche Regeln. Der Unternehmer muss Sie vor Abgabe Ihrer Vertragserklärung **in klarer und verständlicher Weise über das Widerrufsrecht informieren.** Diese Information muss zum Beispiel Namen und Anschrift des Widerrufsempfängers enthalten sowie auf den Beginn der 14-tägigen Widerrufsfrist, das Verfahren für die Ausübung des Widerrufsrechts sowie auf das Muster-Widerrufsformular (abgedruckt auf Seite 109) und die Rechtsfolgen des Widerrufs hinweisen. Bei Fernabsatzverträgen gelten darüber hinaus Besonderheiten (siehe Seite 85 ff., 91 ff.).

Bei **Außergeschäftsraumverträgen** muss die Belehrung auf Papier oder, wenn Sie dem zustimmen, auf einem anderen dauerhaften Datenträger (z.B. CD-ROM, USB-Stick) erfolgen. Bei einem **Fernabsatzvertrag** genügt es, wenn die Belehrung in einer dem Fernkommunikationsmittel angepassten Weise erfolgt. Eine deutliche Information über das Widerrufsrecht auf der Internetseite des Unternehmers reicht daher aus.

Der Unternehmer kann die Widerrufsbelehrung selbst formulieren. Verwendet er die gesetzliche **Muster-Widerrufsbelehrung** (siehe Seite 110 f.) und übermittelt er Ihnen diese in Textform, das heißt entweder schriftlich oder z. B. per Fax oder E-Mail, können Sie davon ausgehen, dass die Belehrung in Ordnung ist.

Bei Außergeschäftsraumverträgen muss Ihnen der Unternehmer alsbald nach Abschluss des Vertrags eine **Vertragsbestätigung**, die auch die Widerrufsbelehrung enthält, in der Regel auf Papier zur Verfügung stellen (§ 312f BGB). Bei Fernabsatzverträgen genügt, spätestens bis zur Warenlieferung, eine Vertragsbestätigung auf einem dauerhaften Datenträger.

Die gesetzliche **Widerrufsfrist** beträgt 14 Tage. Sie beginnt bei einem Verbrauchsgüterkauf, das heißt der Bestellung von Waren, grundsätzlich erst mit dem Erhalt der Ware und bei einem Zeitschriftenabonnement mit Lieferung der ersten Ausgabe (§ 356 Abs. 2 BGB). Weitere Voraussetzung ist, dass der Unternehmer Sie über Ihr Widerrufsrecht informiert hat (§ 356 Abs. 3 Satz 1 BGB). Bei Bestellung mehrerer Waren im Rahmen einer einheitlichen Bestellung oder bei Lieferung einer Ware in Teilsendungen oder Stücken beginnt die Widerrufsfrist erst mit der letzten Lieferung (§ 356 Abs. 2 Nr. 1 b, c BGB).

Belehrt der Unternehmer Sie nicht ordnungsgemäß (fehlt beispielsweise die Anschrift des Widerrufsempfängers oder der Hinweis auf den Beginn der Widerrufsfrist), erlischt Ihr Widerrufsrecht spätestens zwölf Monate und 14 Tage nach dem ursprünglichen Fristbeginn (§ 356 Abs. 3 Satz 2 BGB). Der Unternehmer kann jedoch durch eine nachträgliche ordnungsgemäße Belehrung bewirken, dass ab dann die 14-tägige Widerrufsfrist läuft.

§

So widerrufen Sie einen Vertrag: Der Widerruf erfolgt durch eine Erklärung gegenüber dem Unternehmer, aus welcher Ihr Entschluss zum Widerruf des Vertrags eindeutig hervorgeht. Es genügt also nicht, wenn Sie den Kaufgegenstand einfach kommentarlos zurückschicken. Der Widerruf muss keine Begründung enthalten; zur Fristwahrung genügt die rechtzeitige Absendung (§ 355 Abs. 1 BGB).

Ein telefonischer Widerruf ist zwar möglich, aber riskant. Notfalls müssen Sie nämlich beweisen können, dass Sie Ihre Widerrufserklärung rechtzeitig abgeschickt haben. Daher sollten Sie den Widerruf schriftlich, per Fax oder per E-Mail erklären und vorsorglich eine Empfangsbestätigung anfordern bzw. bei einem Fax das Sendeprotokoll aufbewahren. Wenn Sie den Widerruf schriftlich erklären, genügt dazu ein normales Einschreiben, bei dem Sie einen Einlieferungsbeleg erhalten.

Bei Fernabsatz- und Außergeschäftsraumverträgen muss Ihnen der Unternehmer das gesetzliche **Muster-Widerrufsformular** zur Verfügung stellen (abgedruckt auf Seite 109). Sie müssen dieses jedoch nicht benutzen, sondern können den Widerruf auch frei formulieren.

Bietet Ihnen der Unternehmer bei einem im Internet abgeschlossenen Vertrag die Möglichkeit, das Formular online abzuschicken und machen Sie hiervon Gebrauch, muss er Ihnen den Zugang des Widerrufs unverzüglich auf einem dauerhaften Datenträger bestätigen (§ 356 Abs. 1 Satz 2 BGB).

Rechtsfolgen des Widerrufs: Widerrufen Sie Ihre Vertragserklärung, hat das folgende **Rechtsfolgen**, auf die Sie der Verkäufer bereits in der Widerrufsbelehrung hinweisen muss:

Die empfangenen **Leistungen sind spätestens nach 14 Tagen zurückzugewähren.** Sie müssen also den Kaufgegenstand spätestens 14 Tage nach Abgabe Ihrer Widerrufserklärung an den Verkäufer zurücksenden. Dieser muss Ihnen den Kaufpreis einschließlich der Hinsendekosten(für die günstigste angebotene Standardlieferung) zurückzahlen, kann damit aber so lange warten, bis er die Waren oder einen Nachweis für deren Rücksendung erhalten hat.

Tipp

Informieren Sie sich vor Vertragsabschluss, ob der Verkäufer die Kosten der Rücksendung übernimmt. Kostet eine Ware bei verschiedenen Händlern das gleiche, kann dies eventuell für Ihre Kaufentscheidung wichtig sein.

§

Die unmittelbaren **Kosten der Rücksendung** tragen Sie als Verbraucher, wenn der Unternehmer Sie vor Vertragsschluss über diese Pflicht aufgeklärt hat (§ 357 Abs. 6 Satz 1 BGB). Der Verkäufer kann diese Kosten aber freiwillig übernehmen.

Kann die Ware nicht per Post, das heißt in einem Paket, zurückgesandt werden, ist der Verkäufer bei einem Außergeschäftsraumvertrag zur kostenlosen Abholung verpflichtet, wenn er die Ware zum Zeitpunkt des Vertragsschlusses zur Wohnung des Verbrauchers geliefert hatte (§ 357 Abs. 6 Satz 3 BGB).

Verschlechtert sich der Wert der Ware bis zum Widerruf, müssen Sie dem Verkäufer **Wertersatz** dafür leisten, dass er die Ware nicht mehr zum gleichen Preis wiederverkaufen kann (§ 357 Abs. 7 BGB). Dies gilt jedoch nur unter zwei Voraussetzungen:

- Der Verkäufer muss Sie vor Vertragsschluss über Ihr Widerrufsrecht und diese nachteilige Rechtsfolge des Widerrufs informieren.
- Sie sind mit der Ware so umgegangen, wie es zur Prüfung der Beschaffenheit, der Eigenschaften und der Funktionsweise nicht notwendig war.

Bis zum Widerruf des Vertrags dürfen Sie die Ware also auspacken und prüfen. Ein Kleidungsstück dürfen Sie anprobieren, es aber nicht schon tragen. Wieweit die Möglichkeiten zur „Prüfung" der Ware gehen, ist gesetzlich nicht genau geregelt. Die Rechtsprechung wird in Einzelfällen entscheiden müssen.

Beispiel

Sie kaufen von einem Vertreter an der Haustür einen Staubsauger für 350 Euro, den Sie erst einmal ungenutzt in die Abstellkammer stellen. Nach drei Monaten erinnern Sie sich an den Kauf und möchten widerrufen. Bei Ihrer Verbraucherzentrale erfahren Sie, dass die Widerrufsbelehrung nicht den gesetzlichen Formvorschriften entspricht und dass daher ein Widerruf noch möglich ist. Hier kann der Verkäufer keinerlei Entschädigung von Ihnen verlangen.

Tipp

Verlangt der Verkäufer nach einem Widerruf des Vertrags von Ihnen Wertersatz, erkundigen Sie sich bei Ihrer Verbraucherzentrale, ob und wieviel Sie zahlen müssen.

Was tun,

...wenn die bestellte Ware nicht (rechtzeitig) geliefert wird?

Wichtig!

- Möglichst genauen Liefertermin vereinbaren
- Händler nach Verstreichen des Liefertermins mahnen
- Nach erfolgloser Fristsetzung ist Rücktritt vom Vertrag möglich
- Schadensersatz für bezifferbare Schäden bei Verschulden des Händlers

Nicht jede Ware können Sie sofort mitnehmen. So ist es im Möbelhandel oder beim Neuwagenkauf noch weitgehend üblich, dass Sie die Ware nach Ihren Wünschen aussuchen und bestellen. Die Vorfreude auf die Lieferung wird jedoch arg getrübt, wenn der Liefertermin verstreicht und sich die Lieferung verzögert. Sie können dann entweder auf Lieferung bestehen oder unter bestimmten Voraussetzungen vom Vertrag zurücktreten.

Ende November bestellen Sie beim Möbelhändler ein Sofa zum Preis von 500 Euro und vereinbaren, dass es noch vor Weihnachten geliefert werden soll. Auch im Januar ist es noch nicht eingetroffen, der Verkäufer vertröstet Sie weiter und meint, die Lieferung könne noch etwas dauern. Was tun?

Sie haben zwei Möglichkeiten: Entweder verlangen Sie weiterhin die Lieferung und machen vielleicht zusätzlich einen Schaden geltend, der Ihnen durch die verzögerte Lieferung entstanden ist – **Erfüllung des Vertrags und Verzugsschaden.** Oder Sie treten vom Vertrag zurück und machen eventuell Schadensersatz geltend – **Rücktritt vom Vertrag und Schadensersatz.**

Beide Möglichkeiten sind an unterschiedliche rechtliche Voraussetzungen geknüpft und hängen auch von Ihren Interessen ab. Zunächst sollten Sie sich also überlegen, ob Sie die Lieferung noch wünschen oder ob Sie lieber aus dem Vertrag aussteigen wollen.

War der Kaufpreis günstig und haben Sie das Sofa noch bei keinem anderen Händler gesehen, legen Sie wahrscheinlich Wert auf die Vertragserfüllung. Sie sollten dann den Händler mahnen und auf Lieferung bestehen. Entsteht Ihnen durch die verspätete Lieferung ein Schaden, erhalten sie diesen ab Zugang der Mahnung ersetzt. Zwar bedarf die Mahnung keiner besonderen Form. Wichtig ist aber, dass Sie eine Mahnung auch nachweisen können, daher besser schriftlich mahnen, eventuell vorab per Fax.

Ausnahmsweise kommt der Händler auch ohne Mahnung in Verzug (§ 286 Abs. 2 BGB), zum Beispiel wenn Sie einen nach dem Kalender bestimmbaren Liefertermin vereinbart haben. Dasselbe gilt, wenn der Händler die Lieferung ernsthaft und endgültig verweigert. Vorsorglich sollten Sie aber immer eine Mahnung schicken.

Tipp

Setzen Sie dem Händler in dem **Mahnschreiben** direkt eine **Frist,** innerhalb derer Sie die Lieferung endgültig erwarten. Dann haben Sie zugleich die Voraussetzung für einen etwaigen Rücktritt und weitergehenden Schadensersatzanspruch geschaffen. Durch die Mahnung setzen Sie den Händler in Verzug. Sie können dann weiterhin die Lieferung verlangen und erhalten außerdem den Schaden ersetzt, der Ihnen ab Zugang der Mahnung entstanden ist.

Einen Schaden muss Ihnen der Händler nur dann ersetzen, wenn ihn an der verspäteten Lieferung ein **Verschulden** trifft. Davon ist in der Regel auszugehen. Der Händler kann sich zum Beispiel nicht einfach auf Lieferschwierigkeiten beim Hersteller berufen, denn dessen Säumnis muss er sich zurechnen lassen. Oft werden Sie schon froh sein, wenn die Ware endlich eintrifft. Großartige Schäden werden Sie meist nicht geltend machen können. Grundsätzlich wird nämlich nur der materielle Schaden ersetzt, der sich in Euro und Cent beziffern lässt.

Beispiel

Sie bestellen eine Einbauküche für den 11. August und nehmen sich für diesen Tag bezahlten Urlaub, doch die Küche kommt nicht. Leider wird Ihnen die Wartezeit nicht ersetzt, denn dabei handelt es sich um einen immateriellen Schaden. Anders, wenn Sie unbezahlten Urlaub genommen hätten: Dann hätten Sie in der vertanen Zeit arbeiten und Geld verdienen können. Hier ist ein ersatzfähiger Schaden entstanden.

Verzögert sich die Lieferung erheblich, kommt eventuell doch mal ein Anspruch auf Schadensersatz in Betracht. Entsprechende Entscheidungen von Gerichten sind aber Billigkeitsentscheidungen und nicht zu verallgemeinern.

Angenommen, Sie haben das Sofa (siehe Seite 55) inzwischen bei einem anderen Händler entdeckt. Dort kostet es zwar 100 Euro mehr, auch sind die Lieferkosten um 30 Euro höher – dafür kann der Händler aber sofort liefern. Dann kann es sinnvoll sein, aus dem Vertrag mit dem ersten Händler auszusteigen. Dazu sind Sie berechtigt, wenn der Händler in Verzug ist und Sie ihm eine **angemessene Nachfrist** zur Lieferung gesetzt haben. Was heißt aber angemessen? Das lässt sich nicht in allgemeingültigen Zahlen ausdrücken. Die Länge einer angemessenen Nachlieferfrist hängt immer vom Einzelfall ab und richtet sich auch nach der ursprünglichen Lieferfrist. Es gilt: Je länger die Lieferfrist, desto länger wird auch die Nachfrist sein.

Trifft den Verkäufer an der Verzögerung ein Verschulden (was in der Regel vermutet wird), können Sie zugleich **Schadensersatz** verlangen. Eine mögliche Schadensposition sind zum Beispiel Mehrkosten, die Ihnen durch die Beschaffung der gleichen Ware bei einem anderen Händler entstehen. Bei unserem Beispiel mit dem Sofa wären das 130 Euro (100 Euro Preisdifferenz und 30 Euro höhere Lieferkosten), die Sie von Ihrem ersten Vertragspartner als Schadensersatz verlangen können.

Beispiel

Sie bestellen ein Auto mit einer Lieferfrist von acht Wochen. Kurz vor Ablauf der Frist teilt Ihnen der Händler mit, dass der Hersteller Lieferschwierigkeiten habe und es noch eine Weile dauern könne, bis der Wagen eintreffe. Sie verlangen schriftlich die Lieferung innerhalb der nächsten zwei Wochen. Verstreicht auch diese Frist, können Sie vom Vertrag zurücktreten. Nach Erklärung des Rücktritts haben Sie aus dem ursprünglich abgeschlossenen Vertrag keine Verpflichtungen mehr. Etwaige Anzahlungen erhalten Sie natürlich zurück.

Was tun,

...wenn der Kaufgegenstand Mängel aufweist?

Wichtig!

- Bei Mängeln bestehen gesetzliche Ansprüche
- Es gibt viele Arten von Mängeln
- In erster Linie Anspruch auf Nacherfüllung
- In zweiter Linie Minderung oder Rücktritt vom Vertrag

Grundsätzlich haben Sie bei jedem Verbrauchsgüterkauf dieselben Rechte. Sie können erwarten, dass der gekaufte Gegenstand mindestens zwei Jahre einwandfrei funktioniert. Zeigt sich in dieser Zeit ein Mangel, haben Sie gegenüber dem Verkäufer gesetzliche Mängelansprüche (siehe Seite 63). Diese Ansprüche kann Ihnen beim Kauf einer neuen Sache niemand nehmen oder sie einschränken.

Parallel dazu können Ansprüche aus einer Garantie bestehen, die Ihnen der Hersteller freiwillig einräumt (siehe Seite 77 ff.). Beim Kauf gebrauchter Waren oder beim Kauf von einem privaten Verkäufer kann die Mängelhaftung eingeschränkt werden (siehe Seite 97 ff.).

Generell haben Sie bei **preiswerter oder reduzierter Ware** dieselben Rechte wie beim Kauf eines teuren Produkts. Nur bei Ware zweiter Wahl, die als solche gekennzeichnet ist, müssen Sie kleine Mängel in Kauf nehmen. So kann zum Beispiel mal ein Knopf am Hemd locker, ein Buch etwas angeschmutzt oder die Ledertasche ein wenig verkratzt sein. Ist aber bei einem Pullover ein Ärmel kürzer als der andere, ist das ein grober Mangel, den Sie nicht akzeptieren müssen. Reduzierte Ware ist meist vom Umtausch ausgeschlossen. Das hat aber mit einem Mangel nichts zu tun. Wollen Sie reduzierte Ware später umtauschen, lassen Sie sich dieses Recht auf dem Kassenbon vermerken.

Beim **Kauf beim Discounter** haben Sie vor allem bei Produkten wie Computern und anderen technischen Geräten keine Auswahl und können keine Bera-

Achtung

Vorsicht beim **Räumungsverkauf:** Gibt der Händler sein Geschäft auf, können Sie im Falle eines Mangels nicht mehr reklamieren, denn der Händler existiert ja nicht mehr.

tung erwarten. Bei Sachmängeln haben Sie dieselben Rechte wie beim Kauf im Fachhandel. Häufig gibt es aber Probleme, weil der Verkäufer Sie bei Reklamationen an den Hersteller verweist. Das ist nicht zulässig. Der Verkäufer muss das defekte Gerät entweder kostenlos austauschen oder reparieren. Ob er dazu das Gerät an den Hersteller schickt, kann Ihnen letztlich gleichgültig sein.

Tipp

Verweist der Händler Sie an den Hersteller, ist das rechtlich nicht in Ordnung. Dennoch kann es manchmal sinnvoll sein nachzugeben. So könnten Sie sich darauf einlassen, selbst den Kundendienst des Herstellers anzurufen, zum Beispiel weil dieser schneller reagiert. Zusätzliche Kosten, die Ihnen durch die Einschaltung des Herstellers entstehen, muss Ihnen der Händler erstatten.

Im **Fachhandel** können Sie in der Regel eine qualifizierte **Beratung** erwarten, beim Discounter oder im Warenhaus ist es oft schwierig, überhaupt einen Verkäufer zu finden. Wenn immer mehr Verbraucher in erster Linie auf den Preis statt auf die Qualität achten und die im Fachhandel noch vorhandenen Beratungskapazitäten nur dazu nutzen, sich schlau zu machen und das Produkt später doch im Internet oder beim etwas billigeren „Preisbrecher“ kaufen, muss man sich nicht wundern, dass die Beratungsqualität stetig abnimmt. Sie sollten daher eine ordentliche Vorkaufsberatung durchaus honorieren und auch mögliche Nebenleistungen (wie guten Service und kulantes Verhalten in Reklamationsfällen) bei der Auswahl Ihres Vertragspartners berücksichtigen.

Der Verkäufer ist verpflichtet, Ihnen den Kaufgegenstand frei von Mängeln zu übergeben und zu übereignen. Der Gesetzgeber hat es nicht bei diesem relativ einfachen Grundsatz belassen, sondern nach Kategorien differenziert.

Ein **Sachmangel** liegt demnach vor, wenn der Kaufgegenstand nicht die **vereinbarte Beschaffenheit** hat. Sie kaufen zum Beispiel ein Auto, das im Vertrag als „unfallfrei" bezeichnet wird. Später erfahren Sie, dass das Fahrzeug doch einen Unfall hatte. Auch wenn das Auto eigentlich fahrtüchtig ist, liegt ein Mangel vor, da die Angabe im Vertrag nicht zutrifft und der nicht angegebene Unfall den Wert mindert.

Ein Sachmangel liegt ebenfalls vor, wenn die Sache sich nicht zur **vertraglich vorausgesetzten Verwendung eignet.** Beispiel: Sie kaufen im Fachhandel Umzugskartons, die sich als nicht genügend belastbar herausstellen.

Ein weiterer Sachmangel ist gegeben, wenn die Sache sich **nicht zur gewöhnlichen Verwendung eignet.** Hier kommt es darauf an, was Sie von einem Produkt erwarten können. Zum Beispiel setzt der neue Geschirrspüler immer an einer Stelle aus, sodass Sie den Drehknopf per Hand weiterstellen müssen.

Führt der Verkäufer eine vereinbarte Montage **unsachgemäß** durch, liegt ebenfalls ein Sachmangel vor. Beispiel: Die Einbauküche ist an sich in Ordnung, aber das Ceranfeld ist schief eingebaut.

Wenn eine **Montageanleitung mangelhaft** ist, spricht man ebenfalls von einem Sachmangel. Beispiel: Sie kaufen im Mitnahmemöbelmarkt einen Kleiderschrank, den Sie zu Hause nicht ordentlich zusammensetzen können, weil Sie mit der Anleitung nicht klarkommen.

Auch wenn **Werbeaussagen nicht zutreffen,** kann ein Sachmangel vorliegen. Zum Beispiel wenn ein Autohersteller für ein umweltfreundliches Fahrzeug mit einem Benzinverbrauch von 5,6 Litern wirbt und Sie feststellen, dass der tatsächliche Verbrauch bei 7 Litern liegt.

Erhalten sie **weniger als vereinbart,** wird auch das als Sachmangel bezeichnet. Beispiel: Sie kaufen eine Großpackung Druckertinte mit dem Aufdruck: „3 Farbpatronen und 1 Schwarzpatrone". Eine Patrone fehlt jedoch.

Es gibt sicher noch viele Beispiele für Sachmängel. Im Einzelfall kommt es nicht darauf an, einen Mangel einer der vorstehenden Kategorien genau zuzuordnen, sondern abzugrenzen, was man vernünftigerweise als Käufer von der Haltbarkeit und der Qualität des Produkts erwarten kann.

Beispiel

Verpackte Lebensmittel sind mit einem **Mindesthaltbarkeitsdatum** versehen. Ist am Tage des Kaufs das Mindesthaltbarkeitsdatum schon überschritten, liegt allein deshalb ein Mangel vor, auch wenn der Joghurt noch genießbar wäre. Denn der Verkäufer muss damit rechnen, dass Sie eine gewisse Vorratshaltung betreiben. Es steht ihm allerdings frei, solche Ware besonders zu deklarieren und zu einem Sonderpreis anzubieten. Doch auch dann muss sie innerhalb kurzer Zeit noch zum Verzehr geeignet sein. Stellen Sie zu Hause fest, dass der Joghurt schon verdorben ist, können Sie reklamieren.

Exkurs

Beim Kauf eines technischen Geräts erhalten Sie meist auch eine **Bedienungsanleitung** (Gebrauchsanleitung oder Gebrauchsanweisung). Zum einen wird in der Anleitung gegebenenfalls auf Sicherheitsrisiken bei der Benutzung des Geräts hingewiesen und so etwaigen Gefahren vorgebeugt. Dazu sind die Hersteller nach verschiedenen gesetzlichen Vorschriften verpflichtet.
Zum anderen soll die Gebrauchsanleitung erläutern, wie man das Gerät sinnvoll benutzt. Zumindest bei technisch komplizierten Geräten ist also auch aus diesem Grund eine Gebrauchsanleitung erforderlich (LG Bochum, Urteil 2.2.2010, AZ: I-17 O 159/09, VuR 2010, 351). Fehlt sie oder ist sie unverständlich und kommen Sie mit dem Produkt nicht ohne sie klar, können Sie vom Verkäufer eine entsprechende Anleitung verlangen. Weigert sich der Verkäufer, können Sie notfalls vom Vertrag zurücktreten und erhalten den Kaufpreis zurück.

Hat der Kaufgegenstand einen Mangel, haben Sie innerhalb von zwei Jahren nach dem Kauf, genau genommen nach der Übergabe, **gesetzlich festgelegte Rechte** (§ 437 BGB). Ob den Verkäufer daran ein Verschulden trifft, ist unerheblich. Leider hat der Gesetzgeber Ihre Rechte nicht in allen Einzelheiten geregelt. Es gibt viele Streitpunkte, die auch von den Gerichten noch nicht endgültig geklärt sind. Daher sollten Sie generell beachten, dass immer im Einzelfall geprüft werden muss, welche Rechte Sie haben. Grundsätzlich müssen Sie eine bestimmte Reihenfolge einhalten. Grob betrachtet sind Ihre **Gewährleistungsrechte** zweistufig aufgebaut:

Erste Stufe: Zunächst können Sie nur **Nacherfüllung** verlangen, das heißt entweder eine kostenlose Nachbesserung (Reparatur) oder eine Ersatzlieferung (einwandfreie neue Ware).

Erst wenn die Nacherfüllung „fehlgeschlagen" ist (§ 440 BGB), tritt die **zweite Stufe** in Kraft: Sie können dann die mangelhafte Sache dem Verkäufer gegen Erstattung des Kaufpreises zurückgeben **(Rücktritt vom Vertrag)** oder eine **Minderung** geltend machen, das heißt die Kaufsache trotz des Mangels behalten und einen Abzug vom Kaufpreis vornehmen. Hat der Verkäufer den Mangel zu verantworten, können Sie Schadensersatz verlangen.

Was tun, ...wenn die Nacherfüllung nicht richtig funktioniert?

Wichtig!

- Händler trägt die Kosten der Nacherfüllung
- In der Regel nur zwei Reparaturversuche zumutbar
- Nach dem Rücktritt vom Vertrag Kaufpreis zurück; der Verkäufer erhält Ware, darf nach längerem Gebrauch eine Nutzungsentschädigung verlangen
- Für den Nachweis eines Mangels plausibel darlegen, dass die Ursache nicht bei Ihnen als Käufer liegt

Bei einem Mangel haben Sie zunächst einen Anspruch auf Nacherfüllung. Erst wenn diese fehlgeschlagen ist, können Sie vom Vertrag zurücktreten. Dafür muss der Verkäufer aber sämtliche Kosten der Nacherfüllung tragen, das heißt auch die Kosten für Ein- und Ausbau mangelhafter Ware. Sind diese Kosten unverhältnismäßig hoch, können sie jedoch auf einen angemessenen Betrag beschränkt werden.

Hat der Kaufgegenstand einen Mangel, haben Sie zunächst einen Anspruch auf **Nacherfüllung.** Das Gesetz räumt dem Käufer die Wahl zwischen einer kostenlosen Nachbesserung und einer Ersatzlieferung (das heißt kompletter Austausch der mangelhaften Sache) ein. Der Verkäufer darf jedoch die gewählte Art der Nacherfüllung verweigern, wenn sie mit unverhältnismäßigen Kosten verbunden ist (§ 439 Abs. 3 BGB). Praktisch bedeutet dies, dass man immer nur die wirtschaftlich vernünftigste Art der Nacherfüllung durchsetzen kann. Wird ein Produkt üblicherweise repariert und lässt sich der Mangel im Einzelfall ohne größere Schwierigkeiten beheben, beispielsweise ein Problem bei der Waschmaschine, können Sie zunächst nur eine Nachbesserung verlangen. Übersteigen die Reparaturkosten den Wert eines neuen Produkts, darf der Verkäufer die Reparatur verweigern und eine Ersatzlieferung vornehmen. Er darf jedoch nicht beide Arten der Nacherfüllung verweigern (BGH, Urteil 21.12.2011, AZ: VIII ZR 70/08, NJW 2012, 1073).

Sie dürfen die **Nacherfüllung** nicht ohne Weiteres auf Kosten des Händlers **selbst vornehmen.** Sie kaufen zum Beispiel bei einem 25 Kilometer entfernten Händler ein neues Auto. Einige Monate nach dem Kauf bemerken Sie, dass Ihr Fahr-

Tipp

Sie müssen nach einer misslungenen Reparatur nicht auch noch eine Ersatzlieferung akzeptieren, sondern Sie können dann Ihre weitergehenden Rechte geltend machen.

zeug Öl verliert. Da Sie keine Lust haben, den weiten Weg zum Händler auf sich zu nehmen, lassen Sie den Schaden von Ihrer Stammtankstelle reparieren und schicken dem Fahrzeughändler die Rechnung. Dieser will jedoch nicht zahlen. Er bestreitet den Mangel und meint außerdem, dass er die Reparatur günstiger hätte durchführen können. In diesem Fall gehen Sie tatsächlich leer aus. Grundsätzlich müssen Sie nämlich dem Verkäufer Gelegenheit geben, den Mangel selbst zu beheben. Dazu müssen Sie ihm unbedingt eine **angemessene Frist setzen.** Haben Sie dies versäumt, kann der Verkäufer die Übernahme der Reparaturkosten ablehnen (BGH, Urteil 23.5.2005, AZ: VIII ZR 100/04, NJW 2005, 1348; BGH, Urteil 23.11.2005, AZ: VIII ZR 43/05, NJW 2006, 434). Nur ausnahmsweise können Sie in besonderen Fällen auf eine Fristsetzung verzichten.

Es ist wichtig, dass Sie einen Mangel nicht eigenmächtig selbst beseitigen. Sonst bleiben Sie später auf den Kosten sitzen. Haben Sie aber dem Verkäufer eine Frist gesetzt und repariert er den Mangel nicht fristgemäß, können Sie einen anderen Händler mit der Reparatur beauftragen und die Erstattung der Kosten verlangen.

Die **Kosten** der Nacherfüllung trägt der Verkäufer (§ 439 Abs. 2 BGB). Dazu gehören insbesondere die Transport-, Wege-, Arbeits- und Materialkosten. Unabhängig davon stellt sich die Frage, **an welchem Ort** der Verkäufer die Nachbesserung vornehmen muss. Das ist grundsätzlich der Ort, wo sich der Kaufgegenstand zum bestimmungsgemäßen Gebrauch befindet (BGH, Urteil 8.1.2008, AZ: X ZR 97/05, NJW-RR 2008, 724). Zumindest bei Kaufgegenständen, die der Käufer nur unter erschwerten Bedingungen zum Verkäufer transportieren kann oder bei denen ihm dies nicht zumutbar ist (Möbel, Kühlschrank, Waschmaschine), muss der Verkäufer die Nacherfüllung am Wohnsitz des Kunden erbringen (BGH, Urteil 13.4.2011, AZ: VIII ZR 220/10, NJW 2011, 2278). Bei Geschäften des täglichen Lebens entspricht es laut BGH jedoch der Verkehrsauffas-

Beispiel

Sie wohnen in Bayern und kaufen im Urlaub in Berlin ein T-Shirt, das nach der ersten Wäsche einläuft, obwohl Sie es pfleglich behandelt haben. Es leuchtet ein, dass der Verkäufer nicht zu Ihnen kommen muss und Sie nicht auf Kosten des Verkäufers persönlich nach Berlin fahren können, um dort zu reklamieren. Sie können das T-Shirt aber auf Kosten des Verkäufers zurücksenden. Klären Sie zuvor, ob Sie die Sendung unfrei schicken sollen oder ob der Verkäufer Ihnen anschließend die Kosten überweist. Ist der Mangel weder durch Reparatur noch durch Ersatzlieferung behebbar, erhalten Sie sofort den Kaufpreis zurück.

sung, dass die Kunden ihre Reklamationen regelmäßig unter Vorlage der mangelhaften Ware am Sitz des Verkäufers vorbringen (Lebensmittel, Bekleidung, kleine Elektrogeräte).

Im jeweiligen Fall müssen die Interessen beider Vertragsparteien angemessen berücksichtigt werden.

Grundsätzlich ist der Händler auch beim **Mitnahmemöbelkauf** verpflichtet, mangelhafte Möbel beim Käufer kostenlos zu reparieren bzw. auszutauschen (AG Menden, Urteil 3.3.2004, AZ: 4 C 26/03, NJW 2004, 2171). Der Händler darf allerdings gemäß § 439 Abs. 3 Satz 1 BGB die „Nacherfüllung verweigern, wenn sie nur mit unverhältnismäßigen Kosten möglich ist". Haben Sie zum Beispiel ein Schränkchen für 100 Euro im 50 Kilometer entfernten Mitnahmemöbelmarkt gekauft, könnte diese Grenze überschritten sein. Ob man dieses Recht in der Praxis durchsetzen kann, ist also auch eine Frage der Verhandlung. Mancher Mitnahmehändler wird sich sicherlich weigern und von Ihnen verlangen, dass Sie die Möbel zur Reparatur zurückbringen. Dann muss er aber zumindest die Transportkosten übernehmen. Verweigert er auch dies, können Sie vom Vertrag zurücktreten.

Besonders ärgerlich ist es, wenn Sie eine **mangelhafte Sache** kaufen, sie zweckentsprechend **weiterverarbeiten** und erst dann einen Mangel feststellen. Beispiel: Sie kaufen Fliesen und Tapete im Baumarkt, lassen die Fliesen verlegen und kleben die Tapete selbst an. Erst nach Beendigung der Arbeiten stellt sich heraus, dass die Fliesen nicht abriebfest sind und die Tapetenrollen verschiedenen Chargen entstammen, die sich – bei Licht besehen – voneinander unterscheiden.

In einem derartigen Fall entschied der BGH (Urteil 21.12.2011, AZ: VIII ZR 70/08, NJW 2012, 1073) in Anlehnung an ein vorausgegangenes Urteil des Europäischen Gerichtshofs (EuGH) vom 16.6.2011 (AZ: Rs C-65/09), dass der Verkäufer sowohl zum kostenlosen Ausbau der mangelhaften Sache wie auch zum Einbau der als Ersatz gelieferten Sache verpflichtet ist.

Ausnahme: Sind die Ein- und Ausbaukosten im Verhältnis zum Wert der Sache unverhältnismäßig hoch, muss der Verkäufer Ihnen als Käufer zumindest einen angemessenen Betrag erstatten.

Wenn Sie von einem solchen Problem betroffen sind, sollten Sie unbedingt Rechtsrat einholen.

Der Verkäufer hat die Nacherfüllung in **angemessener Frist** zu erbringen. Was angemessen ist, bestimmt sich nach den Umständen im Einzelfall und lässt sich schlecht verallgemeinern.

Bei Möbeln werden Sie sich oft zwei Wochen gedulden müssen. Benötigen Sie einen Computer ständig, sollten Sie dies dem Händler direkt klarmachen, wenn Sie ihn zur Nachbesserung geben. Streikt die Waschmaschine oder der Kühlschrank, können Sie nach unserer Auffassung eine Reparatur binnen weniger Tage erwarten.

Übrigens: Während der Reparaturzeit haben Sie **keinen Anspruch auf ein Er-**

Tipp

Am besten setzen Sie dem Verkäufer **für die Nacherfüllung** von vornherein eine **angemessene Frist.** Ist diese abgelaufen, so ist die Nacherfüllung fehlgeschlagen und Sie können weitere Rechte geltend machen.

satzgerät. Kulante Händler werden sich jedoch um eine kundenfreundliche Regelung bemühen.

Im Falle einer **Nachbesserung** brauchen Sie in der Regel **höchstens zwei Reparaturversuche** zu dulden, bevor Sie weitere Rechte geltend machen können (§ 440 Satz 2 BGB). Es kommt aber auch hier auf den Einzelfall an. Repariert der Händler einen defekten Toaster und tritt der Mangel gleich wieder auf, können Sie direkt vom Vertrag zurücktreten. Bei Mängeln an einem Kfz werden Sie wohl mehr als zwei Versuche akzeptieren müssen, es sei denn, es handelt sich um einen ganz groben Mangel, der die Fahrbereitschaft beeinträchtigt (etwa Motorschaden).

Haben Sie sich für eine **Ersatzlieferung** entschieden, brauchen Sie sich diese nur **einmal** gefallen zu lassen. Treten in der zweijährigen Gewährleistungsfrist häufiger Mängel auf, müssen Sie nicht bei jedem Mangel eine mehrfache Nachbesserung in Kauf nehmen. Sie können aber auch nicht einfach die gesamten Reparaturversuche addieren. Hier hängt die Möglichkeit zum Rücktritt von den Gesamtumständen ab.

Bei der Nachbesserung eines mangelhaften Geräts darf der Verkäufer nicht einfach **gebrauchte Teile einbauen;** er darf Ihnen auch **kein gebrauchtes Gerät als Ersatz** liefern. Denn die „Nach-Erfüllung" ist im Prinzip eine nachgeholte Erfüllung des ursprünglichen Kaufvertrags; Sie haben aber Anspruch auf eine neue Sache. Tritt durch die Nachbesserung eine Wertverbesserung der Sache ein (zum Beispiel baut der Händler in Ihr defektes Auto ein Ersatzteil neuerer Produktion ein, das qualitativ vom Hersteller verbessert wurde), kann er keinen Ausgleich hierfür verlangen, es sei

Beispiel

15 Monate nach dem Kauf gibt Ihr Kühlschrank den Geist auf. Der Verkäufer liefert Ihnen einen neuen Kühlschrank. Hier kann er keine Nutzungsentschädigung verlangen, obwohl Sie ein neues Gerät erhalten haben.
Anders sieht es aus, wenn Sie vom Kaufvertrag zurücktreten: Dann erhalten Sie den Kaufpreis nicht komplett zurück, denn der Verkäufer kann eine Nutzungsentschädigung verlangen (siehe Seite 52).

denn, er hätte dies vor der Reparatur mit Ihnen vereinbart.
Bei einer **Ersatzlieferung** brauchen Sie gemäß § 474 Abs. 5 BGB auch **keine Nutzungsentschädigung** zu zahlen (siehe Beispiel). Denn mit der **Ersatzlieferung** erfüllt der Verkäufer seine gesetzlichen Verpflichtungen zur Lieferung einer einwandfreien Sache (BGH, Urteil 26.11.2008, AZ: VIII ZR 200/05, NJW 2009, 427, sogenanntes „Quelle-Urteil").

Ist die **Nacherfüllung fehlgeschlagen,** das heißt war sie erfolglos, haben Sie **weitergehende Rechte.** Im Regelfall müssen Sie gemäß § 323 Abs. 1 BGB dem Verkäufer eine angemessene Frist für die Nacherfüllung setzen, nach deren Ablauf Sie zum Beispiel vom Vertrag zurücktreten können. Das Landgericht Stuttgart (Urteil 8.2.2012, AZ: 13 S 160/11) meint jedoch, dass eine ausdrückliche Fristsetzung nicht erforderlich sei, sondern dass der Verkäufer nur eine angemessene Frist ungenutzt verstreichen lassen müsse. Dies sei in der Verbrauchsgüterrichtlinie der Europäischen Union so geregelt.
Neben dem erwähnten Fall (des Fristablaufs) gibt es noch weitere Möglichkeiten für ein **Fehlschlagen der Nacherfüllung,** zum Beispiel:

- Nachbesserung misslingt zweimal.
- Eine Ersatzlieferung erweist sich, wie auch der ursprüngliche Kaufgegen-

stand, wiederum als mangelhaft.

- Der Verkäufer verweigert die Nacherfüllung (zum Beispiel weil er zu Unrecht meint, es liege kein Mangel vor).
- Die Nacherfüllung ist für den Käufer unzumutbar.

Ist die Nacherfüllung fehlgeschlagen, können Sie den mangelhaften Kaufgegenstand behalten und eine **Minderung** (siehe Beispiel) geltend machen, das heißt einen Abzug vom Kaufpreis vornehmen. Diese Möglichkeit empfiehlt sich nur, wenn Sie die Ware trotz des Mangels noch sinnvoll nutzen können.

Theoretisch können Sie vom Verkäufer den Differenzbetrag zwischen dem Wert des Kaufgegenstands im mangelfreien Zustand und dem tatsächlichen Wert der mit dem Mangel behafteten Kaufsache verlangen. Da sich der Minderungsbetrag kaum exakt bestimmen lässt, ist er im Zweifel zu schätzen (§ 441 Abs. 3 BGB). Schon aus praktischen Gründen wird in der Regel eine Minderung ausscheiden und nur ein Rücktritt sinnvoll sein.

Nach fehlgeschlagener Nacherfüllung können Sie auch **vom Vertrag zurücktreten,** das heißt die mangelhafte Sache dem Verkäufer gegen Erstattung des Kaufpreises zurückgeben. Lässt sich der Verkäufer nicht darauf ein, sollten Sie den Rücktritt nach §§ 440, 323 BGB schriftlich erklären (Musterbrief siehe Seite 112). Nach dem **Rücktritt** brauchen Sie sich nicht mehr auf weitere „Angebote" des Verkäufers zur Behebung des Mangels einzulassen.

Der Verkäufer kann Ihr Rücktrittsrecht nicht davon abhängig machen, dass

Beispiel

Sie kaufen eine Bluse und stellen erst zu Hause fest, dass ein Knopf fehlt. Sie möchten sie aber trotzdem behalten. Eine andere Bluse in derselben Größe kann der Verkäufer nicht mehr beschaffen. Er will Ihnen aber das Geld zurückzahlen. Sie möchten jedoch lieber die Bluse behalten und die Knöpfe, die es auch nicht passend gibt, insgesamt durch andere ersetzen. Hier können Sie die Minderung erklären und als Minderungsbetrag den Preis für neue Knöpfe zuzüglich der Kosten fürs Annähen verlangen.

Achtung

Ausnahmsweise können Sie nicht vom Vertrag zurücktreten, wenn der **Mangel unerheblich** ist (§ 323 Abs. 5 Satz 2 BGB). Der BGH (Urteil 29.6.2011, AZ: VIII ZR 202/10) stellt hierfür in erster Linie auf die Kosten der Mangelbeseitigung ab; betragen diese nur 1 Prozent des Kaufpreises, scheidet ein Rücktritt aus. Das bedeutet natürlich nicht, dass Sie kleinere Mängel akzeptieren müssen. Sie können dann Nacherfüllung verlangen oder gegebenenfalls mindern.

Beispiel

Als Sie das in Folie eingepackte Hemd zu Hause öffnen, stellen Sie fest, dass sich ein Knopf gelöst hat, der jedoch lose in der Packung liegt. Sie können vom Verkäufer nur verlangen, dass er den Knopf annäht. Sollte der Verkäufer dies jedoch verweigern, läge ein Rücktrittsgrund vor.

Sie die Ware in der **Originalverpackung** zurückgeben. Diese dient nämlich nur zum Schutz der Ware beim Transport. Es ist auch nicht zumutbar, große Verpackungen aufzubewahren.

Als **Folge des Rücktritts** müssen Sie die mangelhafte Ware zurückgeben und erhalten vom Verkäufer dafür Ihren **Kaufpreis zurück.** Der Händler darf Ihnen aber eine **Nutzungsentschädigung** für die Zeit berechnen, in der Sie den Kaufgegenstand einwandfrei nutzen konnten (BGH, Urteil 16.9.2009, AZ: VIII ZR 243/08, NJW 2010, 148). Streit gibt es vielfach um die Höhe der Nutzungsentschädigung. So berechnen Händler etwa für die Zeit des Gebrauchs einen Mietpreis oder sie behaupten, es gebe schon wieder ein Nachfolgemodell, sodass der Wiederverkaufswert des alten Gerätes praktisch gleich null sei. Das ist jedoch nicht korrekt. Der BGH (Urteil 25.10.1995, AZ: VIII ZR 42/94, NJW 1996, 250) hat sich für eine lineare Berechnungsmethode entschieden. Das Verhältnis zwischen Kaufpreis (K) und Lebensdauer des Kaufgegenstandes (L) entspricht dem Verhältnis zwischen der zu zahlenden Nutzungsentschädigung

(NE) und der tatsächlichen Nutzungszeit (NZ), in der Sie den Kaufgegenstand einwandfrei nutzen konnten. Es ergibt sich dann folgende mathematische Formel:

K : L = NE : NZ

Aufgelöst nach NE ergibt sich:

NE = K x NZ : L

Leider gibt es keine verbindlichen Anhaltspunkte oder gar Tabellen für die **durchschnittliche Berechnung der Lebensdauer bzw. Haltbarkeit eines Gegenstands.** Nur für Kraftfahrzeuge hat sich in der Rechtsprechung die Formel entwickelt, dass man für je 1.000 gefahrene Kilometer einen bestimmten Prozentsatz des Anschaffungspreises zahlen muss. Dieser richtet sich nach der durchschnittlichen Gesamtlaufleistung des Fahrzeugs. Bei 150.000 Kilometer Gesamtlaufleistung wären dies 0,67 Prozent, bei 200.000 Kilometer Gesamtlaufleistung 0,5 Prozent des Anschaffungspreises. Je höher man die Laufleistung eines Kfz ansetzt, desto niedriger ist also die zu zahlende Nutzungsentschädigung.

Beispiel

Sie kaufen einen Computer für 1.200 Euro, der nach einem Jahr nicht mehr richtig funktioniert. Der Händler kann den Mangel trotz mehrfacher Versuche binnen zwei Monaten nicht reparieren; Sie treten vom Vertrag zurück. Hier brauchen Sie nur für die Zeit, in der Sie den PC auch nutzen konnten, eine Nutzungsentschädigung zu zahlen, also für ein Jahr. Unterstellt man eine übliche Lebensdauer von sechs Jahren, ergibt sich ein Betrag von 200 Euro, der dem Händler zusteht.

Ein **Schadensersatzanspruch** kann parallel zum Rücktritt geltend gemacht werden und setzt neben den Rücktrittsbedingungen voraus, dass der Verkäufer den Mangel zu vertreten hat. Dies wird gesetzlich vermutet. Es steht dem Verkäufer jedoch frei, darzulegen und zu beweisen, dass ihn kein Verschulden trifft. Der Käufer kann wählen, ob er entweder die mangelhafte Sache behält und als Schaden die Differenz zwischen dem Wert der mangelfreien und der mangelhaften Sache verlangt (kleiner Schadensersatz) oder ob er die mangelhafte Sache zurückgibt und wegen der Nichterfüllung des Vertrags weitere Schäden geltend macht (großer Schadensersatz).

Beispiel

Fehlt beim Kauf eines Computers das Benutzerhandbuch, das zum vertraglich vereinbarten Leistungsumfang gehören sollte, so können Sie entweder den Computer behalten, sich das Handbuch anderweitig besorgen und die Erstattung des Kaufpreises vom ursprünglichen Verkäufer verlangen. Oder Sie können den PC zurückgeben und zusätzliche Kosten (für das Überspielen der Daten auf einen anderen PC, für fehlende Nutzbarkeit oder den Mehrpreis für die Anschaffung eines vergleichbaren PCs) als Schadensposition geltend machen.

Wer den Mangel beweisen muss: Wenn Sie Gewährleistungsansprüche geltend machen möchten, müssen Sie auf Verlangen zunächst den **Kauf nachweisen.** In der Regel reicht dafür der Kassenbon. Ein großes praktisches Problem ist die **Beweislast für den Mangel.** Tritt ein Mangel innerhalb der ersten sechs Monate nach dem Kauf auf, wird gesetzlich (§ 476 BGB) vermutet, dass er von Anfang an vorlag. Dies gilt laut BGH (Urteil 14.9.2005, AZ: VIII ZR 363/04, NJW 2005, 3490) auch für äußere Beschädigungen der Kaufsache (zum Beispiel Karosserieschaden eines verkauften Kraftfahrzeugs).
Ab dem siebten Monat nach dem Kauf bis zum Ende der zweijährigen Gewährleistungsfrist muss grundsätzlich der Käufer beweisen, dass der aufgetretene Mangel von Anfang an vorhanden war. Das ist jedoch ohne Sachverständigengutachten kaum möglich. Daher gilt: Der Käufer muss lediglich prüfen, ob die Ursache für den Mangel seinem eigenen Verantwortungsbereich zuzuord-

Achtung

Der Verkäufer kann Ihre Sachmängelrechte nicht durch seine **allgemeinen Geschäftsbedingungen** einschränken. Das wird durch § 475 BGB für den Verbrauchsgüterkauf strikt untersagt. Dennoch findet man bei manchem Händler durchaus im Kleingedruckten unwirksame Geschäftsbedingungen:
So wird etwa bei offensichtlichen Mängeln eine Anzeigefrist von zwei Wochen festgelegt, andernfalls sollen keine Ansprüche bestehen.
Der Verkäufer kann auch nicht bestimmen, dass er das Wahlrecht zwischen Nachbesserung und Ersatzlieferung hat. Ebenso kann er nicht generell das Rücktrittsrecht ausschließen.

nen ist. Ist das nicht der Fall – zum Beispiel funktioniert ein technisches Gerät nicht mehr, ohne dass er es beschädigt hat –, darf er Mängelrechte geltend machen, auch wenn sich das im Ergebnis als unberechtigt herausstellt (BGH, Urteil 23.1.2008, AZ: VIII ZR 246/06).
Die Untersuchungskosten des Verkäufers für die Fehlersuche brauchen Sie dann nicht zu bezahlen. Auch im Fall einer fehlgeschlagenen Nachbesserung müssen Sie als Käufer nur nachweisen, dass der beanstandete Mangel wieder auftritt (BGH, Urteil 9.3.2011, AZ: VIII ZR 266/09, NJW 2011, 1664).

Wie mache ich Garantieansprüche geltend?

Wichtig!

- Garantie ist freiwillig und gilt immer zusätzlich zu Ihren gesetzlichen Ansprüchen
- Garantie können Händler oder Hersteller einräumen
- Garantierklärung muss einfach und verständlich sein
- Vorsicht bei kostenpflichtigen Garantien

Tritt innerhalb von zwei Jahren nach dem Kauf ein Mangel auf, können Sie sich stets an den Verkäufer halten. Dieser haftet im Rahmen seiner gesetzlichen Gewährleistung. Durch eine Garantie darf die Gewährleistung niemals beschränkt werden. Die Garantie kann daher stets nur zusätzlich vom Händler oder Hersteller eingeräumt werden.

Im Sprachgebrauch wird nicht immer korrekt zwischen **Garantie und Gewährleistung** unterschieden. Es gibt jedoch einen gravierenden Unterschied: Gewährleistungsrechte, die Ihnen als Käufer gegenüber dem Verkäufer zustehen, sind gesetzlich geregelt und dürfen nicht eingeschränkt werden. Man könnte auch von einer „gesetzlichen Garantie“ sprechen. Eine „zusätzliche Garantie“ wird hingegen immer freiwillig übernommen, in der Regel vom Hersteller.

Tritt innerhalb von zwei Jahren nach dem Kauf ein Mangel auf, darf Sie der Händler nicht an den Hersteller verweisen. Er darf auch nicht den Eindruck erwecken, als hätten Sie nur Garantieansprüche gegen den Hersteller. Entsprechende Geschäftsbedingungen eines Händlers hat das OLG Dresden untersagt (Urteil 3.6.2011, AZ: 8 U 122/11; Vorinstanz LG Leipzig, Urteil 23.12.2010, AZ: 8 O 2315/10). Dort hieß es unter anderem: „Eine von Ihnen gewünschte Mängelbeseitigung können wir zumeist am schnellsten und für Sie natürlich kostenlos abwickeln, indem Sie die defekte Ware nach Rücksprache mit uns an einen von uns bestimmten Dritten (etwa eine Vertragswerkstatt des Herstellers) übersenden.“ Dem Händler wurde hier zum Verhängnis, dass er die Rechte des Käufers in einer Art und Weise vermengt hat, die den Verbraucher täuschte.

Da eine Garantie eine **freiwillige Leistung** ist, darf sie der Garantiegeber **beliebig ausgestalten.** Es kann also sein, dass sie zeitlich beschränkt ist, nur bestimmte Teile eines Produkts erfasst (etwa der Motor beim Auto) oder dass im Fall eines Mangels nur die Materialkosten übernommen werden. Besonders interessant ist eine Garantie, die über die zweijährige Gewährleistungsfrist hinausreicht.

Achtung

Beim Kauf im Internet von nicht autorisierten Händlern schränken einige Markenhersteller die Garantie ein! Klären Sie daher Ihre Garantieansprüche vor der Bestellung!

Eine Garantie kann sich zum Beispiel auf eine bestimmte Beschaffenheit der Ware beziehen (**Beschaffenheitsgarantie**, etwa Lebensmittel „aus biologischem Anbau“) oder auf deren Haltbarkeit (**Haltbarkeitsgarantie**, § 443 Abs. 2 BGB).

Gemäß § 477 Abs. 2 BGB kann der Verbraucher verlangen, „dass ihm die Garantieerklärung in Textform mitgeteilt wird.“ Dies bedeutet, dass Sie eine schriftliche Garantieurkunde erhalten oder dass Sie sich – beim Kauf im Internet – die Garantieurkunde dauerhaft herunterladen und ausdrucken können. Zudem muss eine **Garantieerklärung** einfach und verständlich abgefasst sein und alle wesentlichen Angaben enthalten, die für die Geltendmachung der Garantie erforderlich sind. Dazu gehören insbesondere die Dauer, der Inhalt und der räumliche Geltungsbereich der Garantie sowie Name und Anschrift des Garantiegebers. Bei Eintritt des Garantiefalls ergibt sich aus der Garantieurkunde, welche Rechte Sie haben. Eine Herstellergarantie ist üblicherweise auf einen Anspruch auf Reparatur oder Ersatz gerichtet, gibt Ihnen aber kein Recht auf Erstattung des Kaufpreises. In der Garantieurkunde muss auch stehen, dass Ihnen neben einer Garantie auf jeden Fall die gesetzlichen Rechte aus der Sachmängelhaftung gegenüber dem Verkäufer zustehen.
Diese Hinweise muss der Garantiegeber nicht bereits in seiner Werbung für das Produkt geben, sondern erst beim Vertragsabschluss (BGH, Urteil 5.12.2012, I ZR 88/11).

Tritt in der Garantiezeit ein Mangel auf, haben Sie theoretisch viel Zeit, den konkreten Garantieanspruch geltend zu machen. Denn für **Ansprüche aus der Garantie** gilt eine **dreijährige Verjährungsfrist.** Dennoch sollten Sie im eigenen Interesse bei Auftreten eines Mangels sofort reklamieren.

In manchen Geschäften hat sich die Unsitte breit gemacht, den Kunden beim Kauf gleich eine **kostenpflichtige, zusätzliche Garantie** anzubieten. Beliebt ist das insbesondere bei technischen Geräten. Die Kosten sind dann nach Länge der Garantie und Wert des Kaufgegenstands gestaffelt und können durchaus mehrere 100 Euro betragen. Mehr oder weniger geschickt und kenntnisreich hört man dann, dass der Verkäufer nur ein halbes Jahr zur Gewährleistung verpflichtet sei oder dass man nach sechs Monaten zumindest mit Problemen beim Fehlernachweis rechnen müsse.

Richtig ist zwar, dass der Käufer für Mängel, die später als sechs Monate nach dem Kauf auftreten, die Beweislast trägt (siehe Seite 74). Der Gesetzgeber hat sich diese Regelung der Beweislastumkehr (§ 476 BGB) aber anders gedacht, als dies in der Praxis inzwischen läuft. Der Käufer sollte sich nicht etwa nach Ablauf von sechs Monaten seine Rechte erkaufen müssen. Es bleibt also festzuhalten, dass der Verkäufer zwei Jahre lang für Mängel haftet.

Tipp

Bei solchen kostenpflichtigen Garantieverträgen handelt es sich um einen Versicherungsvertrag, für den gesetzliche Informationspflichten bestehen. Der Händler muss Ihnen ein Produktinformationsblatt aushändigen. Falls Sie einen solchen Vertrag abschließen möchten, lesen Sie sich die Bedingungen sorgfältig durch. Bereuen Sie Ihre Entscheidung, können Sie den Vertrag immer noch widerrufen. Auch über Ihr Widerrufsrecht muss Sie der Händler belehren.

Was passiert, wenn ich zu spät reklamiere?

Wichtig!

- Zwei Jahre Gewährleistung beim Kauf neuer Ware
- Mindestens ein Jahr Gewährleistung beim Kauf gebrauchter Ware
- Verlängerung der Gewährleistung durch Nachbesserung
- Neue Verjährungsfrist nach Ersatzlieferung

Ihre Sachmängelrechte beim Kauf einer neuen Sache müssen Sie grundsätzlich innerhalb von zwei Jahren nach der Übergabe geltend machen. Spätere Reklamationen kann der Verkäufer zurückweisen und sich darauf berufen, dass Ihre Ansprüche verjährt sind. Nur in Ausnahmefällen gelten längere Verjährungsfristen.

Beispiel

Sie haben im März 2012 ein Elektrogerät gekauft und mit dem Verkäufer vereinbart, dass Sie die Rechnung durch Überweisung begleichen werden. Dies vergessen Sie jedoch. Erst 2015 erhalten Sie eine Zahlungsaufforderung. Falls Sie nicht zahlen, könnte der Verkäufer noch bis Ende 2015 Klage erheben oder einen Mahnbescheid beantragen. Erhalten Sie die Zahlungsaufforderung erst Anfang 2016, können Sie sich auf Verjährung berufen und müssen nicht mehr zahlen.

Zahlen Sie eine Kaufpreisrechnung nicht, steht dem Verkäufer eine relativ lange Frist von drei Jahren zur Verfügung, bis er gegebenenfalls gerichtliche Maßnahmen ergreifen muss, um seine Ansprüche durchzusetzen. Diese Frist beginnt am Schluss des Jahres, in dem Sie die Rechnung erhalten.

Demgegenüber haben Sie als Käufer einer neuen Sache nur eine **zweijährige Gewährleistungsfrist,** innerhalb deren Sie einen Mangel reklamieren können. Ausnahmsweise gilt eine längere Frist, etwa wenn der Verkäufer einen Mangel arglistig verschweigt. Dann können Sie noch drei Jahre ab Kenntnis Ihre Ansprüche geltend machen. Die zweijährige Gewährleistungsfrist für den Kauf **neuer Sachen** darf weder durch individuelle Vereinbarung noch durch allgemeine Geschäftsbedingungen verkürzt werden. Beim Kauf einer **gebrauchten Sache** darf ein gewerblicher Verkäufer die Frist jedoch auf maximal ein Jahr verkürzen. Ein privater Verkäufer darf seine Sachmängelhaftung sogar vollkommen ausschließen (siehe Seite 97).

Entdecken Sie einen **Mangel** erst **kurz vor Ablauf der Verjährungsfrist,** müssen Sie sofort reagieren. Wichtig ist es dann, zunächst die Frist zu berechnen. Hier kommt es auf jeden Tag an.

Beispiel

Wurde Ihnen etwa der Kühlschrank am 5.6.2012 geliefert, läuft die Verjährungsfrist für Ihre Mängelansprüche am 5.6.2014 um 24 Uhr ab. Machen Sie Ansprüche erst am 6.6.2014 geltend, kann sich der Verkäufer bereits auf Verjährung berufen und ist nicht mehr zur Nacherfüllung verpflichtet.

Sie sollten dann dem Verkäufer nachweisbar mitteilen, dass ein Mangel aufgetreten ist, und ihn auffordern, den Mangel kurzfristig zu beseitigen. Lehnt der Verkäufer ab, müssen Sie notfalls innerhalb der Verjährungsfrist Klage erheben. Lässt sich der Verkäufer nach Mitteilung eines Mangels auf Verhandlungen ein oder überprüft er die Ware auf Mängel, wird dadurch die **Verjährung gehemmt,** das heißt, die Zeitspanne von Beginn bis Ende der Ver-

Beispiel

23 Monate nach dem Kauf gibt das Fernsehgerät den Geist auf. Sie rufen den Verkäufer an, der behauptet, Sie müssten sich an den Hersteller wenden. Hier müssen Sie die drohende Verjährung abwenden und zum Beispiel Klage erheben. Holt der Händler das Gerät jedoch zur Reparatur ab, lässt er sich dadurch auf Verhandlungen ein. Zeigt sich innerhalb von drei Monaten nach Rückgabe des Geräts ein weiterer Mangel, haben Sie noch Gewährleistungsansprüche. Sicherheitshalber sollten Sie vom Verkäufer zugleich eine schriftliche Bestätigung verlangen, dass er auf die Einrede der Verjährung verzichtet.

handlungen wird an die ursprüngliche Verjährungsfrist angehängt. Die Verjährung tritt aber frühestens drei Monate nach dem Ende der Verhandlungen ein, das heißt, sobald der Verkäufer es endgültig ablehnt, den Mangel zu beseitigen.

Durch eine Nacherfüllung kann im Einzelfall eine neue Verjährungsfrist beginnen; der Verkäufer würde dann wieder zwei Jahre lang für Mängel haften. Voraussetzung für diesen **Neubeginn der Verjährung** ist, dass der Händler den **Mangel anerkennt** (§ 212 Abs. 1 Nr.1 BGB). Das ist nach Ansicht des Bundesgerichtshofs „keineswegs regelmäßig, sondern nur dann anzunehmen, wenn der Verkäufer aus der Sicht des Käufers nicht nur aus Kulanz oder zur gütlichen Beilegung eines Streits, sondern in dem Bewusstsein handelt, zur Mängelbeseitigung verpflichtet zu sein. Erheblich sind hierbei vor allem der Umfang, die Dauer und die Kosten der Mängelbeseitigungsarbeiten." (BGH, Urteil 5.10.2005, VIII ZR 16/05, NJW 2006, 47).

Je umfangreicher die Nacherfüllung, desto eher wird man davon ausgehen können, dass der Verkäufer nicht nur aus Kulanz handeln will. Im Austausch eines defekten Geräts (Ersatzlieferung) liegt nach Ansicht des BGH in der Regel die Wahrnehmung einer rechtlichen Verpflichtung. Daher dürfte hier die Verjährung tatsächlich neu beginnen. Bei einer Nachbesserung könne nur dann eine neue Verjährung beginnen, wenn „es sich um denselben Mangel oder um die Folgen einer mangelhaften Nachbesserung handelt."

Es ist jeweils unter Würdigung aller Umstände im Einzelfall zu entscheiden. Wenn Sie sich selbst nicht durchsetzen können, sollten Sie auf jeden Fall fachkundigen Rat einholen.

Was ist zu beachten,

...wenn ich beim Versandhandel kaufe?

Wichtig!

- Beim Kauf im Versandhandel haben Sie ein gesetzliches Widerrufsrecht
- Widerrufsfrist beginnt mit Lieferung der Ware und Information über das Widerrufsrecht
- Beim Widerruf trägt in der Regel der Verbraucher die Kosten der Rücksendung
- Beim Widerruf trägt der Händler die Hinsendekosten (=Versandkostenpauschale)

Bestellen Sie Ware bei einem Versandhaus, handelt es sich um ein Fernabsatzgeschäft. Hierfür gelten einige Besonderheiten. Der Verkäufer muss Sie umfassend über die Ware und Ihre Rechte informieren. Ihre Bestellung können Sie innerhalb von 14 Tagen nach Erhalt der Ware und ordnungsgemäßer Belehrung über Ihr Widerrufsrecht widerrufen (Muster-Widerrufsformular siehe Seite 110 f.).

Ein Fernabsatzgeschäft liegt immer dann vor, wenn Sie sich beim Vertragsabschluss nicht mit dem Verkäufer Auge in Auge gegenüberstehen, beispielsweise bei der Bestellung nach Katalog oder im Internet. Bei allen Fernabsatzgeschäften hat der **Unternehmer** zahlreiche **Informationspflichten** (§ 312d Abs. 1 BGB in Verbindung mit Art. 246a EGBGB). Er muss den Verbraucher bereits vor Abgabe von dessen Vertragserklärung beispielsweise über folgende Punkte informieren:

- seine Identität (Name, Anschrift, Rechtsform der Firma, zum Beispiel GmbH, Handelsregister-Nr.),
- seine Telefonnummer, gegebenenfalls seine Faxnummer und E-Mail-Adresse,
- die wesentlichen Eigenschaften der Waren,
- Gesamtpreis der Waren einschließlich Liefer- und Versandkosten,
- Zahlungs- und Lieferbedingungen und Liefertermin,
- das Bestehen eines gesetzlichen Mängelhaftungsrechts für die Waren,
- gegebenenfalls die Bedingungen von Kundendienst und Garantien,
- das Bestehen oder Nichtbestehen eines Widerrufsrechts.

Die erteilten Informationen werden Bestandteil des Vertrags, wenn nicht ausdrücklich etwas anderes vereinbart wird. Der Unternehmer ist also an die von ihm erteilten Informationen gebunden.

Schließen Sie als **Verbraucher** mit einem Unternehmer einen Fernabsatzvertrag, haben Sie ein gesetzliches **Wi-**

derrufsrecht (siehe Seite 48 ff.). Sie können also Ihre Vertragserklärung ohne weitere Begründung innerhalb einer Frist von 14 Tagen widerrufen. Die Widerrufsfrist beginnt grundsätzlich erst mit Erhalt der Ware (§ 356 Abs. 2 Nr. 1a BGB), frühestens aber, nachdem der Verkäufer Sie ordnungsgemäß über Ihr Widerrufsrecht belehrt hat (§ 356 Abs. 3 Satz 1 BGB). Solange Sie keine formal einwandfreie Widerrufsbelehrung erhalten haben, können Sie Ihre Vertragserklärung noch bis zu einem Jahr und 14 Tagen nach ursprünglichem Fristbeginn widerrufen (§ 356 Abs. 3 Satz 2 BGB). Verwendet der Händler die gesetzliche **Muster-Widerrufsbelehrung** (siehe Seite 110 f.) und übermittelt er Ihnen diese in Textform, das heißt entweder schriftlich oder zum Beispiel per Fax oder E-Mail, können Sie davon ausgehen, dass die Belehrung in Ordnung ist. Der Händler kann die Belehrung auch selbst formulieren; sie muss dann inhaltlich der gesetzlichen Muster-Widerrufsbelehrung entsprechen.

In verschiedenen Fällen besteht **ausnahmsweise kein Widerrufsrecht.** Das ist beispielsweise der Fall,

- wenn Sie eine Zeitung, Zeitschrift oder Illustrierte im Fernabsatz bestellen, es sei denn, Sie schließen einen Abonnement-Vertrag (§ 312g Abs. 2 Nr. 7 BGB);
- wenn die Ware „eindeutig auf die persönlichen Bedürfnisse" des Kunden zugeschnitten wurde (§ 312g Abs. 2 Nr. 1 BGB);
- bei Bestellung von Waren, die „schnell verderben können oder deren Verfallsdatum schnell überschritten würde" (§ 312g Abs. 2 Nr. 2 BGB);
- bei Verträgen zur Lieferung von Ton- oder Videoaufnahmen oder Computersoftware in einer versiegelten Packung, wenn die Versiegelung nach der Lieferung entfernt wurde (§ 312g Abs. 2 Nr. 6 BGB).

Erklärt ein Händler in der Widerrufsbelehrung, dass er Kosmetika nur in unbenutztem Zustand zurücknehmen werde, ist dies nach Ansicht des OLG Köln für den Kunden missverständlich und damit die Belehrung unwirksam (Urteil 27.4.2010, AZ: 6 W 43/10).

Rechtsfolgen des Widerrufs

Widerrufen Sie Ihre Vertragserklärung, darf der Versandhändler von Ihnen die unmittelbaren **Kosten der Rücksendung** verlangen. Voraussetzung ist, dass er Sie vor Vertragsschluss hierüber informiert hat (§ 357 Abs. 6 Satz 1 BGB). Fehlt ein solcher Hinweis, zahlt der Händler die Rücksendekosten. Früher trug der Händler ab einem Warenwert von 40,- € immer die Rücksendekosten. Kulante Händler werden die Rücksendekosten auch weiterhin übernehmen. Es lohnt sich daher, diesen Punkt vor der Kaufentscheidung zu prüfen. Im Katalog beziehungsweise auf der Internetseite des Händlers finden Sie sicherlich Informationen, ob Sie den Kaufgegenstand dann unfrei im Paket zurückschicken oder nur Ersatz von verauslagten Portokosten verlangen können.

Ein Hinweis des Händlers im Kleingedruckten, dass er unfrei zurückgeschickte Ware nicht annimmt, erschwert das Widerrufsrecht und ist unwirksam. Die bloße Bitte, die Ware möglichst nicht unfrei zurückzusenden, ist zulässig (OLG München, Beschluss 7.2.2012, AZ: 29 W 212/12).

Ist eine Rücksendung des Kaufgegenstands per Post, also in einem Paket nicht möglich (etwa bei Möbeln) und hat der Händler nicht angeboten, die Waren selbst abzuholen, müssen Sie gegebenenfalls eine Spedition beauftragen. Der Händler muss Sie vor Abgabe Ihrer Vertragserklärung darüber informieren, dass dafür zusätzliche Kosten anfallen können. Geschieht dies nicht, trägt der Händler die Rücksendekosten.

Nach Ausübung Ihres Widerrufsrechts (Muster-Widerrufsformular siehe Seite 110 f.) sind die empfangenen Leistungen unverzüglich zurückzugewähren. Sie müssen also die Ware spätestens 14 Tage nach Abgabe Ihrer Widerrufserklärung an den Verkäufer zurücksenden, es sei denn, der Händler hat die Abholung der Waren angeboten. Dieser muss Ihnen den Kaufpreis zurückzahlen, kann damit aber so lange warten, bis er die Waren oder einen Nachweis für deren Rücksendung erhalten hat. Für die **Rückzahlung** muss der Händler **dasselbe Zahlungsmittel** verwenden, das der Verbraucher bei der Zahlung verwendet hat. Eine Klausel, die lediglich eine Gutschrift auf dem Kundenkonto des Händlers vorsieht, ist unwirksam (BGH, Urteil 5.10.2005, AZ: VIII ZR 382/04, NJW 2006, 211).

Der Händler trägt auch stets die **Kosten der Hinsendung,** meist als Versandkostenpauschale bezeichnet (BGH, Urteil 7.7.2010, AZ: VIII ZR 268/07, NJW 2010, 2651). Allerdings muss er nur die Kosten für die günstigste angebotene Standardlieferung übernehmen, nicht also die höheren Kosten für eine vom Verbraucher gewünschte Express- oder Nachnahmelieferung.

Versandhändler und Internethändler müssen ihre Kunden vor Vertragsschluss darüber informieren, dass sie im Fall eines Widerrufs eventuell **Wertersatz** für eine etwaige Verschlechterung des Kaufgegenstands zahlen müssen. Erhalten Sie die Information zu spät, sind Sie schon aus diesem Grund nicht ersatzpflichtig. Wertersatz müssen Sie auch nur dann leisten, wenn Sie die Sache in einer Weise behandeln, die „zur Prüfung der Beschaffenheit, der Eigenschaften und der Funktionsweise der Waren nicht notwendig" war (§ 357 Abs. 7 BGB), sodass der Händler die Ware deshalb nicht mehr zum gleichen Preis verkaufen kann. Sie dürfen also die Ware auspacken und prüfen. Wie weit die Möglichkeiten zur „Prüfung" der Ware gehen, ist gesetz-

Beispiel

- Kleidung oder Schuhe dürfen Sie anprobieren, aber nicht probeweise längere Zeit tragen.
- Bei technischen Geräten ist eine Funktionsprüfung zulässig.

Achtung

Auch wenn der BGH sogar in einem Fall, in dem der Kunde ein Wasserbett zu Prüfzwecken befüllt hatte und das Bett dadurch fast wertlos wurde, keine Pflicht zum Wertersatz angenommen hat (BGH, Urteil 3.11.2010, AZ: VIII ZR 337/09, NJW 2011, 56), sollten Sie bei der „Prüfung" der Ware lieber nicht zu weit gehen.

lich nicht genau geregelt. Die Rechtsprechung wird dies in Einzelfällen entscheiden müssen.

Geht die Ware auf dem Versandweg zum Kunden verloren, muss der Händler nicht noch einmal liefern, wenn er ein zuverlässiges Transportunternehmen ausgesucht hat. Denn mit der Übergabe an einen seriösen Spediteur habe der Händler seine vertraglichen Pflichten erfüllt, meint der BGH (Urteil 16.7.2003, AZ: VIII ZR 302/02). Allerdings müssen Sie auch nicht zahlen, wenn Sie die Ware nicht erhalten. Einen Anspruch auf den Kaufpreis hat das Versandunternehmen also erst dann, wenn Sie die Ware nachweislich erhalten haben.

Ein Onlineshop darf sich in seinen Geschäftsbedingungen nicht vorbehalten, dem Kunden einen qualitativ und preislich gleichwertigen **Ersatzartikel** zuzusenden, wenn der bestellte Artikel nicht lieferbar ist (BGH, 21.9.2005, AZ: VIII ZR 284/04, NJW 2005, 3567). Dies wäre auch ein Fall unbestellter Ware nach § 241a BGB (vgl. oben S. 16 f.).

Was sind die Besonderheiten, wenn ich im Internet bestelle?

Wichtig!

- Eine Bestellung bei einem Internetshop können Sie widerrufen
- Das gilt auch beim Kauf vom gewerblichen Händler auf einer Internetauktionsplattform (zum Beispiel eBay)
- Widerrufsfrist beginnt mit Lieferung der Ware und Information über das Widerrufsrecht
- Beim Kauf im Ausland gelten Mindestschutzstandards für Verbraucher

Beim Kauf im Internet gelten in etwa die gleichen rechtlichen Regeln wie beim Versandhandel. Es handelt sich um ein sogenanntes Fernabsatzgeschäft, bei dem Sie Ihre Vertragserklärung innerhalb von 14 Tagen nach Erhalt der Ware und ordnungsgemäßer Belehrung über Ihr Widerrufsrecht widerrufen können (Muster-Widerrufsformular siehe Seite 110 f.). Belehrt der Händler Sie nicht ordnungsgemäß, verlängert sich die Widerrufsfrist auf ein Jahr und 14 Tage.

Beim Kauf im Internet hat der Unternehmer zahlreiche **Informationspflichten.** So muss er dem Verbraucher, wie bei allen Fernabsatzgeschäften, bereits **vor Abgabe seiner Vertragserklärung** zahlreiche Informationen zur Verfügung stellen. Dazu gehören zum Beispiel Angaben zur Identität des Unternehmens und zu den Waren (Näheres siehe Seite 84 ff.).

Für den Kauf bei einem Onlineshop gelten zudem bestimmte Pflichten im elektronischen Geschäftsverkehr gegenüber Verbrauchern (§§ 312i, 312j BGB). So müssen Onlinehändler den Kunden **unmittelbar vor seiner Bestellung** klar und verständlich in hervorgehobener Weise auf wesentliche Eigenschaften und den Gesamtpreis der Ware einschließlich aller Liefer- und Versandkosten hinweisen (§ 312j Abs. 2 BGB).

Der anschließende Bestellvorgang muss so gestaltet sein, dass der Verbraucher mit seiner Bestellung ausdrücklich bestätigt, dass er sich zu einer Zahlung verpflichtet. Erfolgt die **Bestellung über eine Schaltfläche (Button),** muss diese gut lesbar mit nichts anderem als den Wörtern „zahlungspflichtig bestellen“ oder mit einer entsprechenden eindeutigen Formulierung beschriftet sein (§ 312j Abs. 3 BGB). Falls der Onlinehändler diese Pflicht verletzt, kommt kein Vertrag zustande (§ 312j Abs. 4 BGB)!

Zusätzlich muss der Händler spätestens bei Beginn des Bestellvorgangs klar und deutlich angeben, ob Lieferbeschränkungen bestehen und welche Zahlungsmittel akzeptiert werden (§ 312j Abs. 1 BGB).

Darüber hinaus muss Sie der Unternehmer zum Beispiel rechtzeitig vor

Abgabe Ihrer Bestellung verständlich über die einzelnen technischen Schritte informieren, die zu einem Vertragsschluss führen, und Ihnen angemessene und wirksame technische Mittel zur Verfügung stellen, mit deren Hilfe Sie Eingabefehler vor Abgabe Ihrer Bestellung erkennen und berichtigen können (§ 312i Abs. 1 Nr. 1 und 2 BGB). Damit soll verhindert werden, dass Sie ungewollt eine verbindliche Bestellung vornehmen.

Der Händler muss Ihnen den Eingang Ihrer Bestellung unverzüglich elektronisch (das heißt per E-Mail) bestätigen (§ 312i Abs. 1 Nr. 3 BGB) und Ihnen innerhalb einer angemessenen Frist nach Vertragsschluss, spätestens jedoch bei der Lieferung der Ware, eine Vertragsbestätigung auf einem dauerhaften Datenträger (das heißt per E-Mail, Fax oder auf dem Postweg) zukommen lassen. Die Vertragsbestätigung muss sämtliche wichtigen Informationen zum Vertrag einschließlich der Widerrufsbelehrung enthalten (§ 312f Abs. 2 BGB).

Widerrufsrecht: Schließen Sie als Verbraucher im Internet einen Kaufvertrag mit einem Unternehmer, haben Sie ein 14-tägiges Widerrufsrecht. Es gibt jedoch einige Ausnahmen (siehe Seite 86). So besteht zum Beispiel kein Widerrufsrecht, wenn Sie Videos, CDs oder Computersoftware bestellen und den Datenträger entsiegeln (§ 312g Abs. 2 Nr. 6 BGB). Hierdurch will der Gesetzgeber verhindern, dass der Besteller illegale Kopien anfertigt und die Ware dann zurückschickt.

Die Widerrufsfrist beginnt grundsätzlich erst mit Lieferung der Ware, frühestens aber, nachdem der Unternehmer Sie ordnungsgemäß über Ihr Widerrufsrecht belehrt hat. Solange Sie keine formal einwandfreie Widerrufsbelehrung erhalten haben, können Sie Ihre Vertragserklärung noch bis zu einem Jahr und 14 Tagen nach ursprünglichem Fristbeginn widerrufen (§ 356 Abs. 3 Satz 2 BGB). Verwendet der Händler die gesetzliche **Muster-Widerrufsbelehrung** (siehe Seite 110 f.) und übermittelt er Ihnen diese in Textform, also entweder schriftlich oder zum Beispiel per Fax oder E-Mail, können Sie davon ausgehen, dass die Belehrung in Ordnung ist. Der Händler kann die Belehrung auch selbst formulieren; sie muss dann inhaltlich der gesetzlichen Muster-Widerrufsbelehrung entsprechen.

Für den Widerruf gibt es ein gesetzliches Muster-Widerrufsformular (siehe Seite 84 ff.). Bietet Ihnen der Unternehmer bei einem im Internet abgeschlossenen Vertrag die Möglichkeit, das Formular online abzuschicken, und machen Sie hiervon Gebrauch, muss er Ihnen den Zugang des Widerrufs unverzüglich auf einem dauerhaften Datenträger bestätigen (§ 356 Abs. 1 Satz 2 BGB).

Achten Sie beim Kauf über das Internet auch darauf, ob ein **Onlinehändler mit einem Gütesiegel** ausgezeichnet ist. Auf der Internetseite der „Initiative D 21", www.internet-guetesiegel.de, einem gemeinsamen Projekt von Wirtschaft und Politik, finden Sie einige Gütesiegel, zum Beispiel das „Trusted Shops Gütesiegel". Internetanbieter, die eines dieser Symbole verwenden, erfüllen hohe Ansprüche an Bonität, Daten-

Tipp

Möchten Sie einen im Internet (oder im Versandhandel) abgeschlossenen Vertrag widerrufen, haben Sie aber die 14-tägige Widerrufsfrist nach der Lieferung versäumt, lohnt es sich dennoch, Rechtsrat einzuholen. Denn Händler machen nicht immer alles richtig. Sie können daher manchmal Ihre Vertragserklärung noch zu einem späteren Zeitpunkt widerrufen.

Achtung

Einige Internethändler geben Ihnen bei Vorauszahlung einen kleinen Preisnachlass. Es gibt aber Beschwerden über Firmen, die die bestellte Ware mit erheblicher Verzögerung oder gar nicht liefern. Seien Sie daher vorsichtig, wenn Sie mit dem Händler noch keine Erfahrungen haben oder wenn es sich um ein völlig unbekanntes Unternehmen handelt. Besser ist die Zahlung nach Rechnung.

sicherheit und Verbraucherschutz. So sind Sie zum Beispiel gegen den Verlust Ihrer Kaufpreiszahlung im Fall der Nichtlieferung oder nach Rückgabe der Ware abgesichert.

Eine besondere Form des Kaufs im Internet bietet ein **Internetauktionshaus** (zum Beispiel eBay), das die Plattform für den Handel zur Verfügung stellt und die Regeln bestimmt, nach denen der Kauf erfolgt. Lesen Sie daher die allgemeinen Geschäftsbedingungen des jeweiligen Auktionshauses gut durch und informieren Sie sich generell über den Ablauf einer Auktion. Es gelten **unterschiedliche rechtliche Regeln,** je nachdem ob Sie bei einem **privaten oder gewerblichen Anbieter** kaufen und ob es sich um **neue oder gebrauchte Ware** handelt.

Den Kaufvertrag schließen Sie nicht mit dem Auktionshaus, sondern mit dem jeweiligen Verkäufer. Dieser bietet über das Auktionshaus eine Ware an, deren Preis erst am Ende der Auktion bestimmt wird. Zu diesem Preis kommt dann der Kaufvertrag mit dem Höchstbietenden zustande. Beim „Sofort-Kauf" macht der Verkäufer ein Angebot zu einem festen Preis. Hier kommt der Vertrag bereits zustande, wenn der Käufer auf „Kaufen" klickt.

Als Verbraucher haben Sie beim Kauf von einem gewerblichen Unternehmer ein 14-tägiges Widerrufsrecht, nicht jedoch beim Kauf von einem privaten Verkäufer. Deshalb ist es wichtig zu wissen, wann ein Verkäufer als Unternehmer gilt. Zwar muss ein Unternehmer sich korrekt deklarieren. Legt der Verkäufer seine Unternehmereigenschaft aber nicht offen, müssen Sie als Käufer notfalls beweisen, dass es sich um einen gewerblichen Verkauf handelt. Ein Indiz ist die Bezeichnung als „Powerseller". Auch das Bewertungsprofil des Verkäufers lässt Rückschlüsse auf Zeitpunkt, Art und Anzahl seiner Geschäfte zu. Drucken Sie diese Ergebnisse aus. Für das Widerrufsrecht gelten im Übrigen die gleichen Regeln wie bei sonstigen Fernabsatzgeschäften (siehe Seite 85, 92 ff.).

Wird bei der Internetauktion neue Ware verkauft, haftet ein Unternehmer zwei

Jahre für Sachmängel, die zum Kaufzeitpunkt vorlagen. Beim Verkauf gebrauchter Sachen darf ein Unternehmer seine Haftung auf ein Jahr begrenzen. Ein privater Verkäufer darf seine Haftung für Sachmängel sogar vollkommen ausschließen (siehe Seite 97). Verkaufen Sie selbst laufend Gegenstände in erheblichem Umfang über eine Internetplattform, kann es sich um eine unternehmerische Tätigkeit handeln. Sie sind dann umsatzsteuerpflichtig (Bundesfinanzhof, Urteil 26.4.2012, AZ: V R 2/11) und müssen weitere Pflichten beachten, die für Unternehmer beim Verkauf im Internet gelten (zum Beispiel Impressumspflicht, Informationspflichten, Pflicht zur Widerrufsbelehrung).

Tipp

Wenn Sie einen langlebigen oder teuren Gegenstand im europäischen Ausland kaufen, erkundigen Sie sich beim Verkäufer nach Ihren Rechten. Fragen Sie auch nach zusätzlichen Garantien und achten Sie darauf, dass der Garantieschein vom Verkäufer datiert und abgestempelt wird.

Wenn Sie über das **Internet** bei einem **ausländischen Anbieter** kaufen, gilt für Sie als Verbraucher **deutsches Recht,** es sei denn, Sie hätten mit dem Verkäufer die Anwendung ausländischen Rechts vereinbart. Auch dann bleiben Ihnen die zwingenden deutschen Verbraucherschutzrechte wie Widerrufsmöglichkeiten und zweijährige Gewährleistung erhalten. Bei einem Kauf von einem Anbieter aus Nicht-EU-Staaten können Sie nicht darauf vertrauen. Hier sollten Sie auch immer prüfen, ob und welchen Zoll Sie zusätzlich zahlen müssen. Gibt es bei einem Kaufvertrag mit internationalem Bezug Probleme, sollten Sie immer Rechtsrat einholen.

Was sollte ich beachten,

...wenn ich gebrauchte Ware kaufe?

Wichtig!

- Auch beim Gebrauchtwarenkauf haben Sie grundsätzlich zwei Jahre Gewährleistung
- Gewerblicher Verkäufer darf seine Haftung vertraglich auf ein Jahr beschränken
- Private Verkäufer dürfen die Gewährleistung ausschließen
- Altersbedingte Abnutzungen sind kein Mangel

Beim Kauf gebrauchter Sachen haben Sie weitgehend dieselben Rechte wie beim Kauf neuer Ware. Es gibt aber einige wichtige Unterschiede: Ein gewerblicher Verkäufer darf die Haftung für Mängel auf ein Jahr beschränken. Beim Kauf von einem privaten Verkäufer kann die Gewährleistung sogar vollkommen ausgeschlossen werden.

Beim Verkauf gebrauchter Ware darf ein Unternehmer seine **Sachmängelhaftung** vertraglich **auf ein Jahr verkürzen.** Enthält der Vertrag keine Regelung, muss der Verkäufer zwei Jahre lang für Mängel gerade stehen.

In Streitfällen kommt es darauf an, wie der Haftungsausschluss formuliert ist. Die beim Kfz-Kauf verwendete Klausel „Das Fahrzeug wird unter Ausschluss der Sachmängelhaftung verkauft." ist unwirksam, weil auch die Haftung für Personenschäden und für grobes Verschulden unzulässigerweise ausgeschlossen wird (OLG Hamm, Urteil 10.2.2005, AZ: 28 U 147/04). Mit einem entsprechenden Zusatz, dass für Pflichtverletzungen sowie bei Körperverletzungen gehaftet wird, wäre die Klausel jedoch wirksam.

Ein **privater Verkäufer** darf seine Haftung für Mängel durch eine individuelle Vereinbarung vollkommen **ausschließen.** Er muss dann nur für eine übernommene Garantie und für arglistig verschwiegene Mängel einstehen. Problematisch wird es, wenn ein privater Verkäufer, zum Beispiel beim Verkauf eines Gebrauchtwagens, einseitig auf die Verwendung eines bestimmten Kaufvertragsformulars besteht. Dann wird er zum Verwender von allgemeinen Geschäftsbedingungen, die anhand strenger Maßstäbe geprüft werden. Ist die Klausel nicht wasserdicht formuliert, kann der Haftungsausschluss unwirksam sein. Fatale Folge: Der Verkäufer haftet dann für Mängel. Anders sieht es aus, wenn sich beide Vertragparteien auf die Verwendung eines bestimmten Kaufvertragsformulars einigen

(BGH, Urteil 17.2.2010, VIII ZR 67/09). Manchmal kann fraglich sein, ob der Verkäufer als Unternehmer (kein Ausschluss) oder als Privater (dann Ausschluss möglich) handelt. Kaufen Sie als Verbraucher von einem Unternehmen gebrauchte Investitionsgüter (zum Beispiel ein Firmenfahrzeug), gehört der Verkauf im Zweifel zum Handelsgewerbe. Das Unternehmen darf daher die Gewährleistung nicht völlig ausschließen (BGH, Urteil 13.7.2011, AZ: VIII ZR 215/10, NJW 2011, 3435).

Wundern Sie sich nicht, wenn ein Händler im Kaufvertrag eine Vielzahl von kleinen Mängeln angibt. Das dient dem **Ausschluss seiner Haftung**, denn für dem Käufer bekannte Mängel muss der Verkäufer nicht einstehen. Wird der Zustand des Wagens im Kaufvertrag aber als „Bastlerfahrzeug“ oder „zum Ausschlachten“ angegeben, ist der damit bezweckte Gewährleistungsausschluss unwirksam (OLG Oldenburg, Beschluss 3.7.2003, AZ: 9 W 30/03). Denn ein Auto wird in der Regel zum Fahren und nicht zum Basteln gekauft. Wird Ihnen ein derartiger Vertrag vorgelegt, sollten Sie diese Klausel streichen oder überhaupt vom Kauf absehen.

Beim Kauf vom Händler sollten Sie darauf achten, ob ein **privater Vorbesitzer** als Verkäufer im Vertrag angegeben wird. Ist das der Fall, will der Händler den Kaufvertrag eventuell nur vermitteln. Dann könnte die Sachmängelhaftung praktisch ausgeschlossen werden. Hat der Händler aber ein wirtschaftliches Interesse an dem Kauf, werden mit dieser Gestaltung die gesetzlichen Rechte des Käufers ausgehebelt. Dann liegt ein Umgehungsgeschäft vor, und Sie behalten als Käufer Ihre Rechte. Der BGH (Urteil 26.1.2005, AZ: VIII ZR 175/04) hat jedoch klar gestellt, dass nicht jedes Agenturgeschäft im Gebrauchtwagenhandel als Umgehungsgeschäft bezüglich der Sachmängelhaftung anzusehen ist. Es kommt auf die Umstände des Einzelfalls an.

Achtung

Der Verkäufer gebrauchter Sachen haftet nur für den Zustand, den Sie aufgrund der **Beschreibungen im Kaufvertrag** sowie der **altersbedingten üblichen Abnutzungen** des Kaufgegenstands erwarten können. Einen gewissen Verschleiß müssen Sie also hinnehmen. Nennt der Verkäufer im Vertrag diverse Mängel, haben Sie insoweit keine Ansprüche.

Hat der gebrauchte Kaufgegenstand einen Mangel, haben Sie als Käufer zunächst nur ein Recht auf **Nacherfüllung**. In der Regel kommt nur eine Nachbesserung (das heißt eine kostenlose Reparatur) in Betracht, denn eine Ersatzlieferung wird dem Verkäufer kaum möglich sein, es sei denn, es wären Sachen gleicher Art und Güte verfügbar (Münzen, Briefmarken). Schlägt die Nacherfüllung fehl, können Sie vom Vertrag zurücktreten oder den Kaufpreis mindern.

Tritt ein Mangel auf, gilt – wie beim Kauf neuer Ware – auch beim Gebrauchtwarenkauf innerhalb der ersten sechs Monate nach dem Kauf die sogenannte **Beweislastumkehr** (§ 476 BGB). Es wird dann gesetzlich vermutet, dass die Ursache für den Mangel schon beim Kauf vorhanden war. Will der Händler seine Haftung vermeiden, muss er gegebenenfalls das Gegenteil beweisen. Diese käuferfreundliche Regel gilt aber dann nicht, wenn es sich um eine äußerliche Beschädigung handelt, die auch dem fachlich nicht versierten Käufer hätte auffallen müssen (BGH, Urteil 14.9.2005, AZ: VIII ZR 363/04). Wenn Sie also solch offenkundige Mängel nicht sofort beim Kauf beanstanden, können Sie diese später nicht mehr mit Erfolg geltend machen.

Auch bei alterstypischen Verschleißmängeln kann die Beweislastumkehr entfallen. Das OLG Celle (Urteil 4.8.2004, AZ: 7 U 30/04, NJW 2004, 3566) beurteilte zum Beispiel bei einem Gebrauchtwagen einen defekten Auspuff und eine beschädigte Dichtung der Beifahrertür als Verschleiß, eine unzulässige Bereifung und einen milchigen Scheinwerfer als Sachmangel.

Was passiert,

...wenn ein Mangel zu weiteren Schäden führt?

Wichtig!

- Verursacht eine mangelhafte Sache weitere Schäden, haftet der Hersteller
- Verschulden ist nicht unbedingt erforderlich
- Sie haben mindestens drei Jahre Zeit, Ansprüche durchzusetzen
- Informieren Sie sich im Internet über Produktwarnungen und Rückrufe

Wenn durch den Mangel eines Produkts Schäden an anderen Sachen angerichtet werden oder wenn dadurch jemand verletzt wird, stellt sich die Frage, wer dafür aufkommen muss. Hier greift die sogenannte Produkt- bzw. Produzentenhaftung.

> **Beispiel**
>
> Sie kaufen eine Konservendose Fisch, verzehren den Inhalt weit vor Ablauf des angegebenen Mindesthaltbarkeitsdatums und erkranken an einer Lebensmittelvergiftung, deren Ursache nur der Fisch sein kann. Neben Schmerzen und Kosten, die nur teilweise von der Krankenkasse ersetzt werden, haben Sie auch einen Verdienstausfall.

Produkt- bzw. Produzentenhaftung bedeutet, dass der Hersteller eines fehlerhaften Produkts für Schäden haften muss, die anderen durch die Benutzung dieses Produkts entstehen.

Der Verkäufer ersetzt Ihnen allenfalls das fehlerhafte Produkt. Zum Schadensersatz ist er nur verpflichtet, wenn ihn ein eigenes Verschulden trifft.

Für weitere Ansprüche müssen Sie sich an den Hersteller halten. Grundsätzlich stehen Ihnen zwei parallele Anspruchsgrundlagen zur Verfügung, die sich in einigen Punkten voneinander unterscheiden. Die sogenannte Produzentenhaftung nach § 823 Abs. 1 BGB setzt ein Verschulden des Herstellers voraus, bei einer Haftung nach dem Produkthaftungsgesetz kommt es auf ein Verschulden nicht an.

Man unterscheidet **vier Arten von Pflichtverletzungen** bzw. Fehlern:

Konstruktionsfehler: Ein Fahrradträger für das Autoheck bricht ab, weil das Gestänge zu schwach konstruiert wurde.

Fabrikationsfehler: Das Produkt an sich ist in Ordnung, bei der Herstellung unterlaufen aber bei einigen Exemplaren Fehler, sodass beispielsweise eine Sprudelflasche aufgrund feiner Haarrisse explodiert.

Instruktionsfehler: Hier ist das Produkt bei sorgfältiger Anwendung an sich unschädlich, jedoch fehlen erforderliche Warnhinweise oder Gebrauchsanleitungen. Beispiel: Ein Hersteller von gesüßtem Kindertee weist nicht darauf hin, dass bei Verzehr durch das mitgelieferte Nuckelfläschchen erhebliche Zahn- und Kieferschäden entstehen können. Auf allgemein bekannte Risiken muss nicht hingewiesen werden.

Verletzung von Produktbeobachtungspflichten: Hier ist das Produkt zu dem Zeitpunkt, zu dem es auf den Markt kommt, in Ordnung. Später ändern sich eventuell technische Standards oder die Nutzungsgewohnheiten. Der Hersteller muss insoweit den Markt beobachten und dies registrieren. Dann muss er auch gegebenenfalls die Öffentlichkeit und die Nutzer des Produkts warnen.

Hat der Hersteller eine der genannten Pflichten verletzt und ist Ihnen ein Schaden entstanden, erhalten Sie **Schadensersatz** und eventuell zusätzlich ein **Schmerzensgeld**. Als Geschädigter müssen Sie beweisen, dass das Produkt einen Fehler hat. Im Rahmen des § 823 BGB müssen Sie zudem darlegen, dass den Hersteller ein Verschulden trifft. Die Rechtsprechung hat aber die Beweislast erleichtert.

Einfacher ist es, Ansprüche nach dem **Produkthaftungsgesetz** geltend zu machen. Danach kommt es auf ein Verschulden nicht an. Das ist bei Fabrikationsfehlern wichtig. Außerdem haftet hier notfalls der Händler, wenn er nicht bereit oder in der Lage ist, Ihnen einen unbekannten Hersteller des Produkts zu nennen. Der Nachteil ist allerdings, dass Sie nach diesem Gesetz bei Sachschäden einen Betrag von 500 Euro selbst tragen müssen. Wollen Sie vollen Schadensersatz, müssen Sie sich auf § 823 BGB stützen.

Die **Fristen**, innerhalb deren Sie Ansprüche aus Produkthaftung geltend machen müssen, sind je nach Fallgestaltung unterschiedlich lang. Nach Kenntnis der den Anspruch begründenden Tatsachen haben Sie aber **mindestens drei Jahre** Zeit, den Anspruch geltend zu machen. Welche Ansprüche tatsächlich durchsetzbar sind, muss im Einzelfall geprüft werden.

Exkurs

Was geschieht mit **gefährlichen Produkten?** Das Produktsicherheitsgesetz (ProdSG) verpflichtet dazu, nur sichere Produkte auf den Markt zu bringen. Stellen Sie fest, dass ein Produkt Sicherheitsmängel aufweist, sollten Sie die zuständige Behörde benachrichtigen. Hinter www.icsms.org verbirgt sich ein europäisches Marktüberwachungssystem. Dort findet sich eine Suchmaschine für die zuständigen Behörden. Sie können sich aber auch an das Ordnungsamt wenden.
Informationen zur Produktsicherheit (unter anderem eine Liste der Produktrückrufe) finden Sie im Internet auf der Seite der Bundesanstalt für Arbeitsschutz und Arbeitsmedizin unter www.baua.de.
Die Europäische Kommission betreibt ein Schnellwarnsystem für gefährliche Produkte außer Lebensmittel (RAPEX). Mit diesem System können die Marktüberwachungsbehörden der EU-Mitgliedsstaaten sowie die EU-Kommission schnell und effizient Informationen über gefährliche Produkte austauschen.

Hat ein Produkt gravierende Sicherheitsmängel, ist der Hersteller dazu verpflichtet, die Nutzer des Produkts zu warnen und den Mangel zu beheben. Dann muss der Hersteller beispielsweise eine **Rückrufaktion** starten. Er übernimmt etwa Reparaturkosten oder erstattet, sofern das Produkt irreparabel ist, einen gewissen Betrag als Schadensersatz.

Tipp

Erstattet Ihnen der Hersteller im Rahmen einer Rückrufaktion nicht die gesamten Reparaturkosten, sollten Sie prüfen, ob Sie gegenüber dem Händler noch Gewährleistung haben oder ob eine weitergehende Garantie besteht. Ein Sicherheitsrisiko bei einem Produkt stellt nämlich immer einen Mangel dar.

Wie komme ich zu meinem Recht?

§

Wichtig!

- Informationen und Rechtsberatung gibt's bei Ihrer Verbraucherzentrale
- Es gibt viele freiwillige Schlichtungsstellen
- Stets vorab die Kosten klären, zum Beispiel bei Telefonhotlines

Dass Sie Recht haben, bedeutet noch lange nicht, dass Sie in der Auseinandersetzung mit einem Verkäufer auch Recht bekommen. Manchmal müssen Sie um Ihr Recht kämpfen. Der Weg zum Gericht ist jedoch das letzte Mittel. In einem Streitfall sollten Sie sich zunächst über Ihre Rechte informieren. Dazu gibt es verschiedene Möglichkeiten.

§

Die **Verbraucherzentralen** (siehe Seite 116 f.) sind kompetente Ansprechpartner in allen Verbraucherangelegenheiten und halten viele Informationen im Internet bereit. In jedem Bundesland gibt es eine Verbraucherzentrale, die ein unterschiedlich enges Netz von Beratungsstellen betreibt. Dort können Sie sich vor Ort informieren, Musterbriefe bekommen oder sich persönlich beraten lassen. Gegen Zahlung eines Entgelts erhalten Sie eine **Rechtsberatung** und versuchen anschließend selbst, zu Ihrem Recht zu kommen. Oder Sie zahlen etwas mehr für eine **Rechtsvertretung,** bei der sich die Verbraucherzentrale mit Ihrem Vertragspartner auseinandersetzt. In schwierigen Fällen steht Ihnen auch ein Rechtsanwalt zur Verfügung.

§

Auch bei **telefonischen Anwaltshotlines und Online-Beratungsdiensten** können Sie sich Rat holen. Telefonische Beratung empfiehlt sich in der Regel nur bei einfachen Fragen, bei denen ohne Sichtung von Unterlagen und zeitaufwendige Recherchen Auskunft erteilt werden kann.
Achten Sie von vornherein auf die entstehenden Kosten. Die Qualität solcher Beratungen ist recht unterschiedlich. Informieren Sie sich zuvor anhand von Internetforen oder Testberichten. Es gibt kostenlose Diskussionsforen im Internet, in denen Sie allgemeine Fragen stellen können. Auch manche Fernsehredaktion hat eine Homepage mit Rechtsfragen und Antworten.

§

Bei der Suche nach einem fachkundigen Anwalt helfen Ihnen die Anwaltsvereine oder Anwaltskammern sowie Suchdienste im Internet. Auch die Verbraucherzentralen arbeiten mit Rechtsanwälten zusammen, die sich auf das Verbraucherrecht spezialisiert haben.

Bevor Sie eine Klage erheben konnten, mussten Sie seit dem Jahr 2000 in einigen Bundesländern bei vermögensrechtlichen Streitigkeiten bis 600 oder 750 Euro Streitwert zunächst versuchen, sich bei einer **Schlichtungsstelle** mit Ihrem Kontrahenten zu einigen. Diese **obligatorische Streitschlichtung** wurde nach und nach wieder abgeschafft, weil sie nicht akzeptiert oder auch durch Einleitung eines gerichtlichen Mahnverfahrens umgangen wurde.

Derzeit (Stand: Mai 2014) besteht also kein Schlichtungszwang. Sie können sich aber mit Ihrem Gegner freiwillig auf die Einschaltung einer **„sonstigen Gütestelle“** verständigen. Es gibt eine Vielzahl von Schlichtungsstellen für die unterschiedlichsten Probleme. Teilweise arbeiten sie kostenlos, teils werden (relativ geringe) Entgelte erhoben. Einige Schlichtungsstellen haben sich spezialisiert, zum Beispiel auf Verbraucherfragen.

§

Wenn Sie bei einem Unternehmen im EU-Ausland etwas gekauft haben, können Sie sich an das **Europäische Verbraucherzentrum Deutschland** mit Sitz in Kehl, **www.cec-zev.eu,** wenden. Dort erhalten Sie entweder eine persönliche Beratung oder es wird Ihnen eine Schlichtungsmöglichkeit vermittelt.

§

Können Sie Ihre Rechte außergerichtlich nicht durchsetzen, bleibt noch die Möglichkeit einer **Klage**. Das ist jedoch nicht immer sinnvoll. Sie sollten abwägen, ob es sich zum Beispiel bei kleinen Streitwerten wirklich lohnt, nur ums Prinzip zu kämpfen. Ein gerichtliches Verfahren kostet immer eine Menge Zeit und Nerven. Ein weiterer wichtiger Punkt sind die Kosten. Wenn Sie eine Rechtsschutzversicherung haben, fordern Sie eine Deckungszusage für die Kostenübernahme an. Beim Amtsgericht können Sie auch ohne fremde Hilfe selbst klagen. Oft ist aber die Einschaltung eines Rechtsanwalts unerlässlich, da juristische Laien normalerweise nicht sachkundig genug sind, um einen Prozess führen zu können. Bei der **Suche nach einem fachkundigen Anwalt** helfen Ihnen die Anwaltsvereine oder Anwaltskammern sowie Suchdienste im Internet.

§

Die **Kosten** für Gerichte und Anwälte sind gesetzlich geregelt. Der Anwalt darf auch Honorarvereinbarungen mit Ihnen treffen. Klären Sie daher vor der Beauftragung, welche Kosten auf Sie zukommen. Was ein Prozess kostet, hängt vom Streitgegenstandswert ab. Wenn Sie den Prozess gewinnen, zahlt der Gegner die gesamten Kosten; im Fall eines völligen Unterliegens ist es umgekehrt. Es gibt aber auch die Möglichkeit eines Vergleichs, bei dem das Gericht einen Kostenvorschlag macht. Als Anhaltspunkt mag Ihnen die nachstehende Tabelle dienen, welche die Kosten bei verschiedenen Streitgegenstandswerten erfasst. Diese Angaben sind aber nur Durchschnittswerte. Im Einzelfall können weitere Positionen hinzukommen, etwa Zeugenauslagen, Kosten für Sachverständige etc.

Streitgegenstandswert bis	Kosten für einen Rechtsanwalt (Gebühren, Auslagen, Umsatzsteuer)	Gerichtskosten	Gesamtkosten für unterlegene Partei in erster Instanz
500,–	157,68	105,–	420,36
1.000,–	261,80	159,–	682,60
1.500,–	365,93	213,–	944,86
2.000,–	470,05	267,–	1.207,10
3.000,–	621,78	324,–	1.567,56

Stand: Mai 2014

Zum Nachschlagen…

Gesetzliches Muster-Widerrufsformular

Über das nachstehend abgedruckte Muster-Widerrufsformular muss der Unternehmer Sie als Verbraucher vor Abgabe Ihrer Vertragserklärung gemäß Art. 246a § 1 Abs. 2 Satz 1 Nr. 1 EGBGB informieren, wenn Ihnen bei Außergeschäftsraumverträgen oder Fernabsatzverträgen ein Widerrufsrecht zusteht. Der Unternehmer muss seine Kontaktdaten einsetzen.
Sie sind nicht dazu verpflichtet, dieses Formular für Ihren Widerruf zu verwenden. Sie können den Widerruf auch frei formulieren. Möchten Sie das Formular benutzen, füllen Sie es aus und streichen Sie unzutreffende Angaben. Den Passus: „die Erbringung der folgenden Dienstleistung (*)“ können Sie beim Verbrauchsgüterkauf streichen. Für einen wirksamen Widerruf ist es nicht erforderlich, das Bestelldatum und das Lieferdatum anzugeben.

Muster-Widerrufsformular

(Wenn Sie den Vertrag widerrufen wollen, dann füllen Sie bitte dieses Formular aus und sendenSie es zurück.)

An *[hier ist der Name, die Anschrift und gegebenenfalls die Faxnummer und E-Mail-Adresse des Unternehmers durch den Unternehmer einzufügen]*:

Hiermit widerrufe(n) ich/wir (*) den von mir/uns (*) abgeschlossenen Vertrag über den Kauf der folgenden Waren (*)/ die Erbringung der folgenden Dienstleistung (*)

Bestellt am (*)/erhalten am (*)

Name des/der Verbraucher(s)

Anschrift des/der Verbraucher(s)

Unterschrift des/der Verbraucher(s) (nur bei Mitteilung auf Papier)

Datum

(*) Unzutreffendes streichen.

Muster: Widerrufsbelehrung bei einheitlicher Lieferung von Waren

Widerrufsbelehrung

Widerrufsrecht

Sie haben das Recht, binnen vierzehn Tagen ohne Angabe von Gründen diesen Vertrag zu widerrufen.

Die Widerrufsfrist beträgt vierzehn Tage ab dem Tag, an dem Sie oder ein von Ihnen benannter Dritter, der nicht der Beförderer ist, die Waren in Besitz genommen haben bzw. hat.

Um Ihr Widerrufsrecht auszuüben, müssen Sie uns

(Name, Anschrift und, soweit verfügbar, Telefonnummer, Telefaxnummer und E-Mail-Adresse des Unternehmers)

mittels einer eindeutigen Erklärung (z.B. ein mit der Post versandter Brief, Telefax oder E-Mail) über Ihren Entschluss, diesen Vertrag zu widerrufen, informieren. Sie können dafür das beigefügte Muster-Widerrufsformular verwenden, das jedoch nicht vorgeschrieben ist.

(Zusatz, wenn Ihnen der Unternehmer die Möglichkeit einräumt, den Widerruf auf seiner Webseite elektronisch auszufüllen und zu übermitteln:
Sie können das Muster-Widerrufsformular oder eine andere eindeutige Erklärung auch auf unserer Website (...) elektronisch ausfüllen und übermitteln. Machen Sie von dieser Möglichkeit Gebrauch, so werden wir Ihnen unverzüglich (z.B. per E-Mail) eine Bestätigung über den Eingang eines solchen Widerrufs übermitteln.)

Zur Wahrung der Widerrufsfrist reicht es aus, dass Sie die Mitteilung über die Ausübung des Widerrufsrechts vor Ablauf der Widerrufsfrist absenden.

Folgen des Widerrufs

Wenn Sie diesen Vertrag widerrufen, haben wir Ihnen alle Zahlungen, die wir von Ihnen erhalten haben, einschließlich der Lieferkosten (mit Ausnahme der zusätzlichen Kosten, die sich daraus ergeben, dass Sie eine andere Art der Lieferung als die von uns angebotene günstigste Standardlieferung gewählt haben), unverzüglich und spätestens binnen vierzehn Tagen ab dem Tag zurückzuzahlen, an dem die Mitteilung über Ihren Widerruf dieses Vertrags bei uns eingegangen ist. Für diese Rückzahlung verwenden wir dasselbe Zahlungsmittel, das Sie bei der ursprünglichen Transaktion eingesetzt haben, es sei denn, mit Ihnen wurde ausdrücklich etwas anderes vereinbart; in keinem Fall werden Ihnen wegen dieser Rückzahlung Entgelte berechnet. Wir können die Rückzahlung verweigern, bis wir die Waren wieder zurückerhalten haben oder bis Sie den Nachweis erbracht haben, dass Sie die Waren zurückgesandt haben, je nachdem, welches der frühere Zeitpunkt ist.

Sie haben die Waren unverzüglich und in jedem Fall spätestens vierzehn Tage ab dem Tag, an dem Sie uns über den Widerruf dieses Vertrages unterrichten, an

(Name, Anschrift des Unternehmers)

zurückzusenden oder zu übergeben. Die Frist ist gewahrt, wenn Sie die Waren vor Ablauf der Frist von vierzehn Tagen absenden.

Sie tragen die unmittelbaren Kosten der Rücksendung der Waren in Höhe von ...EUR.
(bzw., wenn der Unternehmer die Kosten übernimmt: „Wir tragen die Kosten der Rücksendung der Waren.“)

Sie müssen für einen etwaigen Wertverlust der Waren nur aufkommen, wenn dieser Wertverlust auf einen zur Prüfung der Beschaffenheit, Eigenschaften und Funktionsweise der Waren nicht notwendigen Umgang mit Ihnen zurückzuführen ist.

Musterbrief: Rücktritt bei verzögerter Nacherfüllung

Situation: Sie haben einen Mangel reklamiert und dem Händler für die Reparatur oder den Austausch der Ware eine Frist gesetzt. Diese ist abgelaufen und Sie möchten die Ware nun nicht mehr.

Absender

Firma

Rücktritt vom Kaufvertrag
Vertragsnummer .... *(evtl. Bestelldatum ....)*

Sehr geehrte Damen und Herren,

am .... hatte ich bei Ihnen .... *(Kaufgegenstand bezeichnen, zum Beispiel Computer)* gekauft. Wegen vorhandener Mängel hatte ich am .... reklamiert. Seit dem .... liegt Ihnen die Ware zur Reparatur oder zum Austausch durch ein neues Produkt vor.

Telefonisch, Per E-Mail, Brieflich *(Zutreffendes angeben)* hatte ich Ihnen am .... eine letzte Frist für die Nacherfüllung bis zum .... gesetzt. Da diese bis heute nicht erfolgt ist, trete ich hiermit von dem Kaufvertrag zurück. Bitte bestätigen Sie mir den Erhalt dieses Schreibens und überweisen Sie mir den Kaufpreis in Höhe von .... € auf mein Konto Nr. .... bei der .... Bank (BLZ ...).

Mit freundlichen Grüßen

Register

Adressen

Verbraucherzentrale Baden-Württemberg e. V.
Paulinenstraße 47
70178 Stuttgart
Telefon: 0 18 05/50 59 99 (0,14 €/min., Mobilfunkpreis maximal 0,42 €/min.)
Fax: 07 11/66 91-50
www.vz-bawue.de

Verbraucherzentrale Bayern e. V.
Mozartstraße 9
80336 München
Telefon: 0 89/5 39 87-0
Fax: 0 89/53 75 53
www.verbraucherzentrale-bayern.de

Verbraucherzentrale Berlin e. V.
Hardenbergplatz 2
10623 Berlin
Telefon: 0 30/2 14 85-0
Fax: 0 30/2 11 72 01
www.vz-berlin.de

Verbraucherzentrale Brandenburg e. V.
Templiner Straße 21
14473 Potsdam
Telefon: 03 31/2 98 71-0
Fax: 03 31/2 98 71-77
www.vzb.de

Verbraucherzentrale des Landes Bremen e. V.
Altenweg 4
28195 Bremen
Telefon: 04 21/1 60 77-7
Fax: 04 21/1 60 77 80
www.verbraucherzentrale-bremen.de

Verbraucherzentrale Hamburg e. V.
Kirchenallee 22
20099 Hamburg
Telefon: 0 40/2 48 32-0
Fax: 0 40/2 48 32-290
www.vzhh.de

Verbraucherzentrale Hessen e. V.
Große Friedberger Straße 13–17
60313 Frankfurt am Main
Telefon: 0 18 05/97 20 10 (0,14 €/min., Mobilfunkpreis maximal 0,42 €/min.)
Fax: 0 69/97 20 10-40
www.verbraucher.de

Verbraucherzentrale Mecklenburg-Vorpommern e. V.
Strandstraße 98
18055 Rostock
Telefon: 03 81/2 08 70 50
Fax: 03 81/2 08 70 30
www.nvzmv.de

Verbraucherzentrale Niedersachsen e. V.
Herrenstraße 14
30159 Hannover
Telefon: 05 11/ 9 11 96-0
Fax: 05 11/9 11 96-10
www.verbraucherzentrale-niedersachsen.de

Verbraucherzentrale Nordrhein-Westfalen e. V.
Mintropstraße 27
40215 Düsseldorf
Telefon: 02 11/38 09-0
Fax: 02 11/38 09-216
www.vz-nrw.de

Verbraucherzentrale Rheinland-Pfalz e. V.
Seppel-Glückert-Passage 10
55116 Mainz
Telefon: 0 61 31/28 48-0
Fax: 0 61 31/28 48-66
www.verbraucherzentrale-rlp.de

Verbraucherzentrale des Saarlandes e. V.
Trierer Straße 22
66111 Saarbrücken
Telefon: 06 81/5 00 89-0
Fax: 06 81/5 00 89-22
www.vz-saar.de

Verbraucherzentrale Sachsen e. V.
Katharinenstraße 17
04109 Leipzig
Telefon: 03 41/69 62 90
Fax: 03 41/6 89 28 26
www.verbraucherzentrale-sachsen.de

Verbraucherzentrale Sachsen-Anhalt e. V.
Steinbockgasse 1
06108 Halle
Telefon: 03 45/2 98 03-29
Fax: 03 45/2 98 03-26
www.vzsa.de

Verbraucherzentrale Schleswig-Holstein e. V.
Andreas-Gayk-Straße 15
24103 Kiel
Telefon: 04 31/5 90 99-0
Fax: 04 31/5 90 99-77
www.verbraucherzentrale-sh.de

Verbraucherzentrale Thüringen e. V.
Eugen-Richter-Straße 45
99085 Erfurt
Telefon: 03 61/5 55 14-0
Fax: 03 61/5 55 14-40
www.vzth.de

Verbraucherzentrale Bundesverband e. V.
Markgrafenstraße 66
10969 Berlin
Telefon: 0 30/2 58 00-0
Fax: 0 30/2 58 00-218
www.vzbv.de

Abkürzungen

AG	Amtsgericht
AGB	allgemeine Geschäftsbedingungen
AZ	Aktenzeichen
BGB	Bürgerliches Gesetzbuch
BGH	Bundesgerichtshof
EGBGB	Einführungsgesetz zum Bürgerlichen Gesetzbuche
EU	Europäische Union
EuGH	Europäischer Gerichsthof
LG	Landgericht
NJW	Neue Juristische Wochenschrift (Zeitschrift)
NJW-RR	Neue Juristische Wochenschrift, Rechtsprechungs-Report (Zeitschrift)
OLG	Oberlandesgericht
VuR	Verbraucher und Recht (Zeitschrift)

Impressum

Herausgeber
Verbraucherzentrale Nordrhein-Westfalen e. V.
Mintropstraße 27
40215 Düsseldorf
Telefon: 02 11/ 38 09-555
Telefax: 02 11/ 38 09-235
E-Mail: ratgeber@vz-nrw.de
www.vz-nrw.de

Mitherausgeber
Verbraucherzentrale Bundesverband e. V.
Verbraucherzentrale Baden-Württemberg e. V.
Verbraucherzentrale Hamburg e. V.
(Adressen siehe Seite 116 f.)

Text:	Jürgen Schröder
Lektorat:	Wolfgang Starke
Layout und Produktion:	Ute Lübbeke, Köln www.LNT-design.de
Umschlaggestaltung:	Ute Lübbeke, Köln www.LNT-design.de
Druck:	Stürtz GmbH, Würzburg Gedruckt auf 100 % Recyclingpapier

Redaktionsschluss: Mai 2014